A Nova Era Trabalhista

Uma abordagem histórica do Direito do Trabalho, sua evolução e seu futuro após a Reforma Trabalhista

LUIZ ANTÔNIO V. CALHÁO FILHO

Advogado formado pelo Centro Universitário de Brasília-DF, Pós-graduado em Direito do Trabalho e Processo do Trabalho, também pelo CEUB e especialista na Advocacia Trabalhista. Membro integrante das Comissões de Honorários Advocatícios e Direito do Trabalho, da OAB/DF. Membro da Comissão de Direito do Trabalho da Associação Brasileira de Advogados. Conselheiro e Presidente da Comissão de Direito do Trabalho da Rede Internacional de Excelência Jurídica — RIEX.

A Nova Era Trabalhista

Uma abordagem histórica do Direito do Trabalho, sua evolução e seu futuro após a Reforma Trabalhista

DE ACORDO COM A MP N. 808/2017, EDITADA EM 14 DE NOVEMBRO DE 2017

EDITORA LTDA.

© Todos os direitos reservados

Rua Jaguaribe, 571
CEP 01224-003
São Paulo, SP Brasil
Fone (11) 2167-1101
www.ltr.com.br
Janeiro, 2018

Produção Gráfica e Editoração Eletrônica: GRAPHIEN DIAGRAMAÇÃO E ARTE
Projeto de Capa: FABIO GIGLIO
Impressão: BOK2

versão impressa — LTr 5904.1 — ISBN 978-85-361-9476-9
versão digital — LTr 9299.2 — ISBN 978-85-361-9527-8

Dados Internacionais de Catalogação na Publicação (CIP)
(Câmara Brasileira do Livro, SP, Brasil)

Calháo Filho, Luiz Antônio V.

A Nova Era trabalhista : uma abordagem histórica do direito do trabalho, sua evolução e seu futuro após a reforma trabalhista / Luiz Antônio V. Calháo Filho. — São Paulo : LTr, 2018.

Bibliografia.

1. Direito do trabalho — História 2. Justiça do trabalho — História 3. Reforma trabalhista 4. Trabalho — Leis e legislação I. Título.

17-10353　　　　　　　　　　　　　　　　　　　　　　　　　　　　CDU-34:331(091)

Índices para catálogo sistemático:
1. Direito do trabalho: História　　34:331(091)
2. Trabalho: Direito: História　　34:331(091)

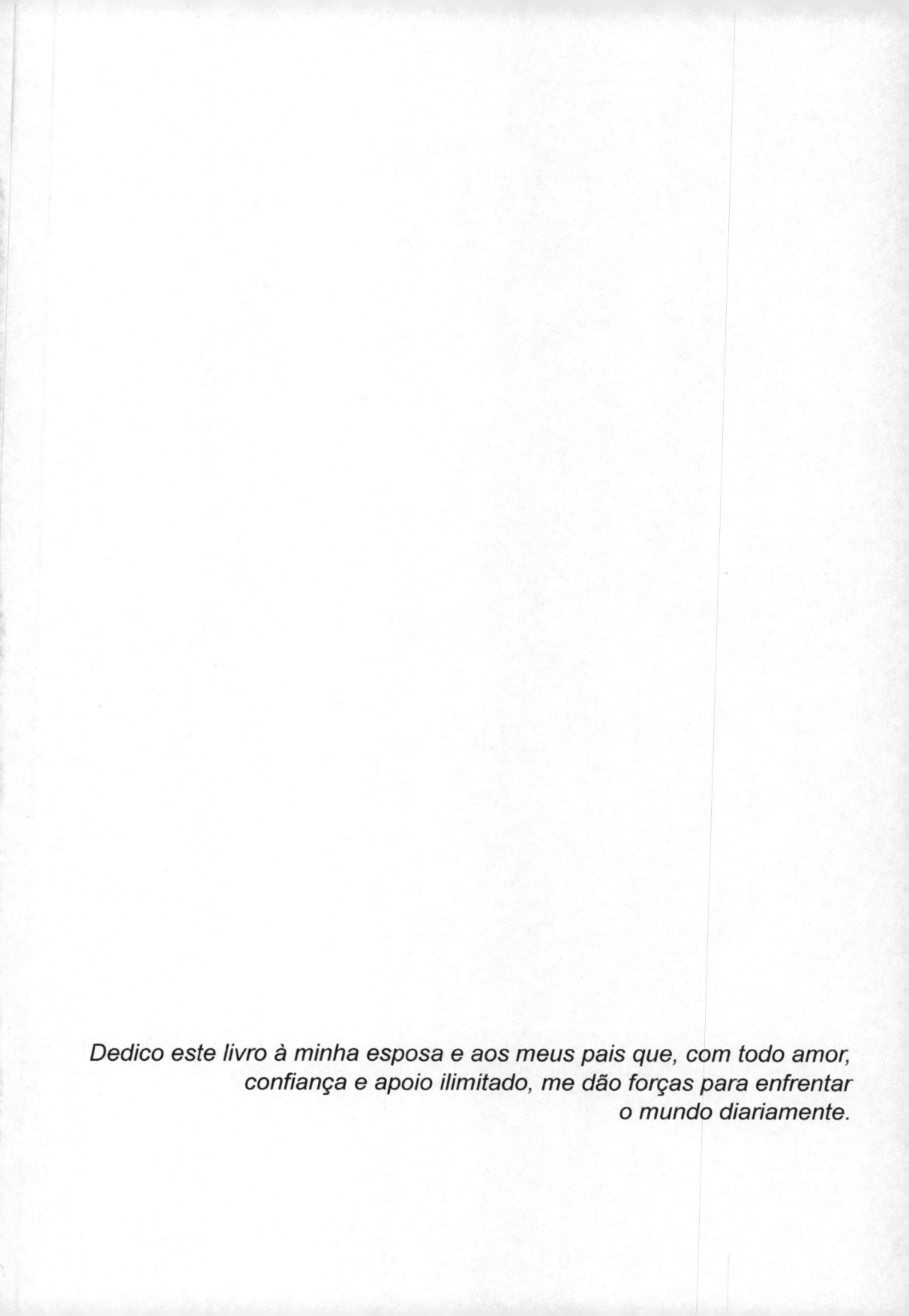

Dedico este livro à minha esposa e aos meus pais que, com todo amor, confiança e apoio ilimitado, me dão forças para enfrentar o mundo diariamente.

Conteúdo

APRESENTAÇÃO 9
    Um cenário histórico da legislação trabalhista e o seu futuro pós-reforma

1. **BREVE ORIGEM HISTÓRIA DO DIREITO DO TRABALHO NO BRASIL E NO MUNDO** 11
2. **O TRABALHO ANTES DA CLT** 12
    2.1 Influências Internas 13
    2.2 Influências Externas 14
3. **A CRIAÇÃO DAS PRIMEIRAS LEGISLAÇÕES TRABALHISTAS** 15
4. **A CRIAÇÃO DA CLT** 17
    4.1 Direitos abordados pela CLT 18
5. **PRINCÍPIOS BÁSICOS DA CLT** 20
    5.1 Princípio da proteção 20
    5.2 Princípio da irrenunciabilidade de direitos 21
    5.3 Princípio da continuidade da relação de emprego 22
    5.4 Princípio da primazia da realidade 22
    5.5 Princípio da inalterabilidade contratual lesiva 23
    5.6 Princípio da intangibilidade salarial 24
6. **A EVOLUÇÃO DA CLT NO TEMPO** 26
    6.1 Décimo terceiro salário 26
    6.2 Trabalho a distância 27
    6.3 Horas *in itinere* 28
    6.4 Duração das férias 29
    6.5 Trabalho da Mulher 30
    6.6 Gorjetas 32
    6.7 Aviso-prévio 32
    6.8 Banco de horas 33

O SEGUNDO MOMENTO
O Projeto de Reforma trabalhista e suas consequências na nova era

7. **A PROPOSTA DE REFORMA TRABALHISTA E O CENÁRIO EM QUE FOI APRESENTADA** 37
   - 7.1 A fundamentação da reforma trabalhista 38
   - 7.2 Posicionamentos favoráveis à reforma trabalhista 39
   - 7.3 Posicionamentos contrários à reforma trabalhista 40

8. **APROVAÇÃO DA REFORMA TRABALHISTA PELO CONGRESSO NACIONAL E SANÇÃO PRESIDENCIAL** 43

9. **PRINCIPAIS MUDANÇAS DA REFORMA TRABALHISTA** 44
   - 9.1 Do grupo econômico e sucessão trabalhista 44
   - 9.2 Do negociado vs legislado 47
   - 9.3 Das férias 51
   - 9.4 Da jornada de trabalho 53
     - 9.4.1 Das horas *in itinere* 54
     - 9.4.2 Do banco de horas 55
     - 9.4.3 Do intervalo intrajornada 56
     - 9.4.4 Do trabalho em regime parcial 57
     - 9.4.5 Do tempo à disposição 58
   - 9.5 Do trabalho intermitente 60
   - 9.6 Do teletrabalho 64
   - 9.7 Da equiparação salarial 66
   - 9.8 Da natureza indenizatória das diárias e abonos 69
   - 9.9 Da rescisão do contrato de trabalho 70
   - 9.10 Da solução de conflitos 74
   - 9.11 Dos sindicatos e contribuições 76
   - 9.12 Do dano extrapatrimonial 77
   - 9.13 Da terceirização 82

10. **DA MEDIA PROVISÓRIA N. 808/2017** 85
    - 10.1 Da abrangência e aplicabilidade da norma 85
    - 10.2 Da jornada de trabalho 86
    - 10.3 Dos danos extrapatrimoniais 86
    - 10.4 Do trabalho insalubre para gestantes e lactantes 87
    - 10.5 Do trabalhador autônomo 87
    - 10.6 Do trabalho intermitente 87
    - 10.7 Dos próximos passos legislativos 88

CONCLUSÃO 89

QUADRO COMPARATIVO 91

Apresentação

Um cenário histórico da legislação trabalhista e o seu futuro pós-reforma

Neste livro, traremos as principais mudanças trazidas pela reforma trabalhista sob o aspecto prático do dia a dia, ponderando, para tanto, o histórico por trás da criação dos primeiros direitos trabalhistas e, por conseguinte, da Consolidação das Leis do Trabalho.

Para que possamos nos permitir um melhor entendimento sobre a matéria como um todo, o presente livro abordará, de forma célere e objetiva, como eram os tempos e a qualidade de vida dos funcionários antes do surgimento dos direitos trabalhistas, inclusive versando sobre o primeiro juízo negativo do que seria o trabalho.

Com base na realidade da época, traremos à tona algumas movimentações e fatos históricos que, por consequência, influenciaram na primeira ideia de que seria economicamente importante, também, pensar na proteção e qualidade do trabalho dos obreiros, que tanto trabalhavam, suavam e se feriam para permitir o crescimento do país.

Feito isso, discutiremos o surgimento dos primeiros direitos protetivos dos trabalhadores que, com o passar do tempo, gerou o primário esboço de uma legislação cujo objetivo principal seria a proteção do trabalhador.

Após, em razão do insucesso desta primeira tentativa, abordaremos os passos que, aos poucos, deram lugar à primeira Consolidação das Leis do Trabalho e seus princípios fundamentadores.

Vigente e atuante a legislação trabalhista brasileira, o livro instiga sobre a importância e necessidade da evolução legislativa aos mesmos passos evolutivos da sociedade a que se refere, demonstrando, assim, por quais principais evoluções passou a Consolidação das Leis do Trabalho, desde a sua criação, até meados do início da discussão sobre a necessidade, ou não, de se proceder a uma reforma trabalhista.

Tendo vencido este ponto, abordaremos um pouco sobre o período econômico em que o país se encontrava quando da proposição da matéria ao Congresso

Nacional e, ainda, alguns fatores que, mesmo de forma indireta, influenciaram neste momento.

Assim, compreendidas algumas razões e fatores que influenciaram na discussão que propomos, estudaremos um pouco sobre o processo de criação e discussão da matéria, trazendo os principais argumentos utilizados nos grandes debates que resultaram no texto final que temos hoje.

Por fim, aprovado o texto final da reforma trabalhista pelo Congresso Nacional, e devidamente sancionado pelo então Presidente da República, Michael Temer, o livro traz explicações breves e objetivas sobre as principais mudanças que devem ser notadas pela sociedade, comparando-as com a realidade disposta na alterada Consolidação das Leis do Trabalho de 1943.

Finalmente, levantando uma interpretação particular da situação como um todo, o autor busca ponderar os pontos positivos e negativos de se esperar, em um primeiro momento, após a transição das legislações, abordando, analisando e meditando eventuais falhas e pontos fortes da reforma posta.

Breve origem história do Direito do Trabalho no Brasil e no mundo

Com o tempo, a ideia de trabalho sofreu grandes transformações, passando, inclusive, de um ato humilhante ao qual os homens de bem se esquivavam para um direito fundamental e social do homem assegurado pela própria Constituição Federal.

O livro traz um breve resumo do porquê do entendimento de trabalho como sendo algo ruim e negativo e, ainda, sua evolução com o tempo até se chegar à atual vinculação do trabalho como sendo algo bom, positivo e necessário ao homem.

Então, partindo-se do princípio de que o trabalho é tão necessário e importante ao homem ao ponto de a própria Constituição o intitular como direito social e fundamental, o livro traz uma breve explanação sobre a evolução da legislação trabalhista com o tempo, inclusive após a criação da Consolidação das Leis do Trabalho e suas respectivas e importantes alterações, até se chegar ao ponto em que se iniciaram as discussões sobre a necessidade de reformá-la.

Assim, já no âmbito do mérito da reforma proposta, a obra busca esclarecer as principais alterações que mais serão sentidas no dia a dia do direito e dos próprios trabalhadores, trazendo, ao final, uma conclusão comparativa do estudo abordado.

2
O trabalho antes da CLT

Inicialmente, com a preocupação primária em tentar não adentrar ao Código de Hamurabi e, ao mesmo tempo, perturbando-me a necessidade de situar o leitor no momento do texto e da atual importância em entendê-lo dentro do contexto histórico em que se passa, será rememorado, em apertada síntese, a origem histórica do trabalho e, consequentemente, do Direito do Trabalho no Brasil e no mundo.

Quando da origem do seu conceito, na época da escravidão, o trabalho era visto como algo humilhante e, justamente por este motivo, era impróprio aos homens livres. Tal entendimento pejorativo da palavra "trabalho" adveio do latim *"tripalium"*, cujo significado era um aparelho que, à época, era utilizado para torturar os homens[1].

Composto por três estacas cavadas no chão, as duas pirâmides opostas que formavam o *"triaplium"* eram usadas para amarrar os escravos para, depois, atear-lhes fogo ainda vivos, sempre como forma de punição por alguma coisa que tenham feito. Então, tornando-se fácil a percepção, à época, não faltavam razões para o pensamento negativo em relação ao trabalho, realidade completamente distinta dos dias atuais.

Saltando no tempo, após a revolução industrial iniciada no Século XVIII, na Inglaterra, e toda mudança advinda deste conhecido e importante fenômeno histórico, tem-se a causa econômica direta do surgimento do Direito do Trabalho, pois a sociedade da época, guiada pela ideia de fabricação em massa, passou a se preocupar mais com a transformação dos meios de produção, impondo novos métodos e celeridade nesse processo.

Esta nova fase, claro, gerou uma drástica mudança no estilo de vida do homem no seu aspecto econômico e social, extraindo-se a ideia de trabalho para gozo próprio e vinculando, pela primeira vez, o trabalho à terceiros, ou seja, às pessoas beneficiárias do trabalho desenvolvido. Em outros termos, tem-se importante destacar que, desde a época primitiva, o trabalho era feito pelo homem e para o próprio homem, ou seja, o homem primitivo trabalhava para facilitar a sua própria

---

(1) ALENCAR, Chico. *Direito ao trabalho, direito dos trabalhadores.* Disponível em: <http://www.noblat.oglobo.com>. Acesso em: 1 set. 2017.

vida, caçando para comer, criando ferramentas para ele mesmo usar e melhorando seu próprio abrigo, por exemplo.

Após, com o passar do tempo, mais especificamente durante o período da revolução industrial e com o advento da ideia de produção em massa, o homem passou a trabalhar para criar coisas para terceiros, utilizando-se do seu trabalho para o bem de outrem e não necessariamente o seu.

Diante da mudança nos paradigmas de produção, mais especificamente com a substituição de muitos postos de trabalho que eram ocupados por homens e, agora, passaram a ser ocupados por máquinas, houve, por consequência, uma explosão da oferta de mão de obra.

Naquele período em que os trabalhadores eram submetidos a jornadas desumanas de trabalho, os menores e as mulheres sofriam todo tipo de discriminação ao receber menos que a metade do ordenado reservado aos homens adultos, por exemplo, eram constantes e graves os acidentes de trabalho que, muitas vezes, resultavam na morte do operário e na desestabilização de famílias inteiras.

Foi justamente neste difícil panorama enfrenado à época, que começaram as surgir as fundamentadas revoltas sociais e os consequentes movimentos coletivos de greve.

2.1 INFLUÊNCIAS INTERNAS

Após muito sangue derramado, com o povo batalhando duro e diariamente pela melhoria na qualidade do trabalho e, cada vez mais, buscando reconhecimento de direitos mínimos, o Estado percebeu não ser mais possível permanecer na imparcialidade, pois era indiscutível a calamidade vivida pelos funcionários, o que acabava abalando, consequentemente, a ordem interna da sociedade em si, dificultando o seu controle.

Percebia-se, ainda, um ciclo vicioso formado pelo surto industrial como efeito da Primeira Grande Guerra Mundial e a consequente elevação do número de fábricas em relação aos operários, cada vez mais substituíveis.

Essa facilidade de se substituir funcionários por máquinas, cada vez mais fazia com que a mão de obra ficasse bem maior que o número de vagas disponíveis no mercado de trabalho, o que acarretava, por consequência, na esperada e perigosa precarização do trabalho daqueles que, por sorte, ainda tinham um.

Além do forte e determinante movimento operário formado por revoltas e movimentos coletivos de greve, impulsionado pela explosão industrial da época, e, conjuntamente, pela possibilidade de fácil substituição de funcionários por máquinas de produção incansáveis e alimentadas por vapor, carvão ou biocombustíveis, importante, também, era a política trabalhista imposta e defendida por Getúlio Vargas, a partir de 1930.

Na conhecida "Era Vargas", divididas em três momentos distintos: Governo Provisório, Governo Constitucional e Estado Novo, a política trabalhista procurou controlar o movimento trabalhador proibindo as greves e quaisquer outros tipos de manifestação obreira.

Entretanto, ponderando um pouco as atitudes, o Estado acabou cedendo em alguns pontos ao concordar com o salário mínimo, carteira profissional de trabalho, férias remuneradas e jornada semanal de trabalho, por exemplo.

2.2 INFLUÊNCIAS EXTERNAS

Além das influências internas daquele período, havia, também, agudas influências externas que o Brasil sofria para a busca da melhoria das relações de trabalho.

Dentre elas, é válido lembrarmos que na Europa, por exemplo, já se encontrava crescente a elaboração legislativa, exclusivamente voltada ao direito do trabalho como forma de proteção ao trabalhador, parte mais vulnerável da relação, o que acabava pressionando o Brasil a não ficar para trás e, também, sair da inércia e começar a se preocupar com tal novidade.

Além do citado exemplo da Europa, um ano antes, inclusive, o México sancionou a primeira Constituição a dispor sobre o Direito do Trabalho.

O art. 123 da Constituição Mexicana já estabelecia a jornada diária de trabalho, a proibição do trabalho para menores, a existência de um salário mínimo, a proteção à maternidade e até mesmo um descanso semanal[2].

Seguindo o exemplo do México, logo após a Primeira Guerra Mundial, a Alemanha Republicana de Weimar foi a segunda Constituição a trazer em seu corpo o Direito do Trabalho, prevendo temas como a participação dos obreiros nas empresas, o direito dos trabalhadores a um sistema de seguros sociais e a liberdade de união e organização dos operários para defesa dos seus interesses comuns[3].

Ainda não sendo o bastante o exemplo dado pelos outros países, a pressão indireta e externa que o Brasil sofria ao ver essa evolução no sentido de iniciar a elaboração legislativa a fim de proteger o trabalhador e a relação de trabalho, o Brasil também sentia o peso do compromisso assumido ao ingressar na Organização Internacional do Trabalho — OIT, criada pelo Tratado de Versalhes em 1919.

Segundo a Organização Internacional do Trabalho, os países que a compunham se comprometiam, também, a observar as normas trabalhistas que, para o Brasil, ainda não existiam.

Como pode ser visto, diversas eram as influências que, juntas, impulsionaram o Brasil para o início das preocupações legislativas relacionadas à proteção do trabalhador.

---

(2) HELÚ, Jorge Sayeg. *El constitucionalismo social mexicano:* lá interogación constitucional de México. México: Fondo de cultura económica, 1991.

(3) THALMANN, Rita. *La République de Weimar.* Paris: PUF, 1986.

3
A criação das primeiras legislações trabalhistas

Não obstante a Consolidação das Leis do Trabalho — CLT ter sido criada somente em 1943, por meio da Lei n. 5.452, de 1 de maio, os primeiros Direitos Trabalhistas são bem mais antigos, como por exemplo, o Decreto n. 1.313, de 17 de janeiro de 1891 que, mais especificamente em seu art. 2º, trouxe um dos primeiros dispositivos relacionados ao trabalho, regulamentando o trabalho das crianças nas fábricas do Rio de Janeiro, cuja idade mínima permitida era 12 anos[4].

Após alguns anos, mais especificamente em 06 de janeiro de 1903, o então Presidente da República sanciona o Decreto n. 979 que, por sua vez, faculta aos profissionais da agricultura e das indústrias rurais a criação e organização de sindicatos, cujo principal objetivo era a defesa dos interesses da classe[5], o que já nos demonstra um concreto e real interesse na proteção ao trabalhador.

Ainda com base nas constantes e fervorosas revoltas e reivindicações dos trabalhadores explorados diariamente pelas empresas que só buscavam a produção em escala cada vez maior e com o menor custo possível, em 1912, no decorrer do 4º Congresso Operário Brasileiro, foi criada a Confederação Brasileira do Trabalho — CBT[6].

O principal objetivo desta Confederação era o de reunir as reivindicações operárias, como, por exemplo, a jornada de trabalho, indenização para acidentes de trabalho, criação do salário mínimo, entre outros.

Entretanto, apesar de já podermos afirmar que o posicionamento do Estado em relação aos Direitos Trabalhistas já havia saído da inércia em que se encontrava, foi somente após a revolução de 30 que a política trabalhista tomou forma.

Foi neste período, já no comando do Governo Provisório, que Getúlio Vargas criou o Ministério do Trabalho, Indústria e Comércio por meio do Decreto n. 19.433, de 26 de novembro de 1930.

---

(4) Decreto n. 1.313, de 17 de janeiro de 1891, art. 2º.
(5) Decreto n. 979, de 06 de janeiro de 1903.
(6) Evolução das Relações Trabalhistas. *Da era industrial até os dias atuais:* o que mudou nos acordos entre empregados e patrões no Brasil e no mundo. Disponível em: <http//www.asilgov.br>. Acesso em: 2 set. 2017.

Dentre as demais atribuições do novo Ministério criado por Vargas, encontravam-se a de incentivar a criação de empregos, apoiar o trabalhador, incentivar a modernização das relações de trabalho e, também, implementar e melhorar a política salarial.

A primeira gestão do recém-criado Ministério do Trabalho foi responsável pela criação de uma comissão exclusiva de conciliação entre empregados e empregadores, nascendo daí o primeiro ensaio para a atual Justiça do Trabalho e, também, por regulamentar, taxativamente, a jornada de trabalho nas indústrias e comércios, considerado o embrião da CLT.

A Constituição Federal Brasileira, promulgada em 16 de julho de 1934, teve um papel importante na história, pois em seu art. 122 criou a Justiça do Trabalho para dirimir as questões existentes entre empregados e empregadores.

Tal Constituição, demonstrando-nos interesse direto na qualidade do trabalho e na segurança do trabalhador, também garantiu aos cidadãos direitos como a proibição de qualquer trabalho para menores de 14 anos, a proibição de trabalho em lugares insalubres para menores de 18 anos e mulheres e, ainda, a previsão de regulamentação do exercício de todas as profissões[7]. Começava, aqui, o *status* constitucional do Direito do Trabalho.

---

(7) Constituição Federal, de 16 de julho de 1934.

4
A criação da CLT

Por mais que tratemos, neste capítulo, do processo de criação da Consolidação das Leis do Trabalho em 1943, é válido lembrarmos, também, da primeira tentativa de criação de um código trabalhista por Maurício Lacerda em 1917.

Como dito, foi em 1917 que o então Deputado Maurício Lacerda apresentou o Projeto do Código do Trabalho, fundamentando sua importância na urgência e conveniência social de se procurar, à época, alguma solução para o grande problema operário, estabelecendo, para tanto, disposições protetoras da situação econômica do funcionário e, concomitantemente, garantidora dos direitos dos patrões[8].

O citado Código do Trabalho era composto por 107 artigos e 6 títulos que, por seu turno, distribuíam as matérias em: disposições preliminares, contrato de trabalho, dia de trabalho, acidentes de trabalho, disposições gerais e disposições finais[9].

No entanto, segundo afirma Jarbas Peixoto, em razão da resistência encontrada à época e, também, por inexistir legislação anterior que pudesse ser consolidada naquele código, o Projeto do Deputado Maurício Lacerda acabou findando-se sem êxito[10].

Agora, retornando ao processo de elaboração da CLT, o passo mais importante para a criação da Justiça do Trabalho no âmbito do Direito Brasileiro foi a Constituição de 1934, mais especificamente em seu art. 122.

Entretanto, em que pese a existência do termo "justiça do trabalho" ter sido disposto pela primeira vez na Constituição de 1934 e mantida na de 1937, foi somente em 1941 que a Justiça do Trabalho realmente foi criada.

No ano seguinte, em 02 de janeiro de 1942, o jurista Alexandre Marcondes, ao assumir o cargo de Ministro do Trabalho, Indústria e Comércio, deparou-se com um panorama jurídico formado por diversas legislações trabalhistas esparsas e aprovadas em momentos distintos da evolução jurídico-política Brasileira. Então,

---

(8) CORRÊA, Arsênio Eduardo. *Lembrando o projeto do Código do Trabalho de 1917*. Disponível em: <http//www.institutodehumanidades.com.br>. Acesso em: 2 set. 2017.
(9) JUNIOR, A. F. Cesarino. Codificação das Leis Sociais no Brasil. Tese apresentada no *I Congresso Nacional de Direito do Trabalho e da Segurança Social*, realizado em 25 de abril de 1960, em Tucuman, República da Argentina. Disponível em: <http//www.revistasusp.br>. Acesso em: 2 set. 2017.
(10) PEIXOTO, Jarbas. *Código do Trabalho*. Rio de Janeiro: Editora Nacional de Direito, 1945.

o novo Ministro de Getúlio Vargas logo deu início às negociações necessárias à criação de uma consolidação de toda essa legislação trabalhista e previdenciária que, até o momento, encontrava-se diluída entre tantas outras.

O primeiro passo tomado foi a criação de uma Comissão formada por dez membros que, sob sua coordenação, ficaria responsável pela elaboração do Anteprojeto de Consolidação das Leis Trabalhistas e Previdenciárias.

No entanto, logo na primeira reunião da Comissão, formada pelos juristas José de Segadas Viana, Oscar Saraiva, Luís Augusto Rego Monteiro, Dorval Lacerda Marcondes e Arnaldo Lopes Süssekind[11], ficou acordado que o trabalho seria desdobrado em dois, sendo um de consolidação do Direito do Trabalho, e o outro somente sobre a previdência social.

Meses depois, já em novembro daquele ano, o Anteprojeto de Consolidação das Leis do Trabalho foi encaminhado ao Ministro do Trabalho que, por hierarquia, o submeteu à apreciação do Presidente Getúlio Vargas.

No dia 5 de janeiro de 1943, após a devida apreciação, Vargas aprovou a publicação do Anteprojeto e o encaminhou novamente aos membros da Comissão responsável para que analisassem as sugestões enviadas e, posteriormente, redigissem a versão final do que viria a ser a CLT.

Feito isso, a Consolidação das Leis do Trabalho, já finalizada, foi criada pelo conhecido Decreto n. 5.452/43, embora a Publicação no Diário Oficial da União ter saído somente alguns meses depois[12].

Tem-se, a partir de então, o primeiro Código de legislações exclusivamente trabalhistas no Brasil.

4.1 DIREITOS ABORDADOS PELA CLT

Conforme já pincelado, a Consolidação das Leis do Trabalho, a princípio, nada mais foi que a junção das esparsas legislações trabalhistas existentes à época.

Dentre as citadas legislações que, a partir de então, encontravam-se todas em um só lugar, é válido lembrarmos de algumas, como por exemplo a obrigatoriedade da carteira profissional de trabalho e suas devidas anotações, a jornada diária máxima de trabalho, o descanso mínimo entre as jornadas de trabalho, intervalo intrajornada, remuneração diferenciada para trabalho noturno, salário mínimo e tantos outros.

Logo no art. 13 da primeira versão da CLT, vemos que ficou adotada em todo o território nacional a obrigatoriedade da carteira profissional de trabalho para pessoas maiores de dezoito anos, cujas anotações deveriam ser feitas pelo empregador em até 48h após sua apresentação[13].

---

(11) *A Criação da CLT*. Disponível em: <http//www.tst.jus.br>. Acesso em: 5 set. 2017.
(12) *Diário Oficial da União*, seção 01, de 9 de agosto de 1943, p. 11937.
(13) Decreto-Lei n. 5.452, de 1º de maio de 1943, Publicação original, arts. 13 e 29.

Esta primeira versão da CLT também previu a duração normal do trabalho, fixando-a em oito horas diárias, bem como a existência de um pagamento diferenciado para as horas trabalhadas, após este limite periódico já fixado, as conhecidas horas extras.

Aquela época já existia, ainda, a previsão legal para o descanso mínimo de onze horas entre duas jornadas de trabalho, e de, no mínimo, uma hora de intervalo na mesma jornada[14].

Além de prever, também, o trabalho aos domingos e feriados, a CLT originária estabeleceu um valor diferenciado para o trabalho realizado à noite, também conhecido como "adicional noturno"[15].

O salário mínimo, por seu turno, também foi fixado desde a origem da CLT, mas a estipulação dos seus valores eram de responsabilidade das Comissões de Salários Mínimos, que levavam em consideração uma fórmula matemática que deveria ser preenchida de acordo com a região[16].

Ainda sobre o salário mínimo, a CLT previa em seu art. 84 que o país seria dividido em 22 regiões diferentes correspondentes aos Estados, Distrito Federal e o Território do Acre, onde cada uma delas, de acordo com sua respectiva Comissão de Salários Mínimos, estipularia seus valores de acordo com a realidade local.

O direito às férias também foi previsto, inicialmente, pelo texto primário da CLT, mais especificamente no art. 129.

Daí também começaram as preocupações com a qualidade do ambiente de trabalho, pois a primeira versão do código trabalhista exigia uma iluminação, segurança e ventilação mínima suficiente para a execução do trabalho, bem como uma preocupação primária com a saúde do funcionário, por exemplo, conforme seus arts. 157 a 191.

Como visto, quando do início da vigência da Consolidação das Leis do Trabalho, os trabalhadores já tinham expressamente fixados alguns direitos importantes, mas muitos outros só viriam como tempo.

---

(14) Decreto-Lei n. 5.452, de 1º de maio de 1943, Publicação original, arts. 66 e 71.
(15) Decreto-Lei n. 5.452, de 1º de maio de 1943, Publicação original, arts. 70 e 73.
(16) Decreto-Lei n. 5.452, de 1º de maio de 1943, Publicação original, arts. 76 a 79.

5
Princípios básicos da CLT

Utilizados como regras gerais do ordenamento jurídico, o vocábulo "princípio" é tido como sendo o conjunto de regras que integram e completam os parâmetros fundamentais da norma jurídica[17].

Com o intuito de sanar, integrar ou preencher quaisquer lacunas existentes na lei, o princípio, em outras palavras, é aquele enunciado lógico que constitui a base da legislação e, por isso, norteia sua aplicação e interpretação.

Neste mesmo sentido, o professor Arnaldo Süssekind leciona sobre a matéria dizendo que, *verbis*:

> "Princípios são enunciados genéricos, explicitados ou deduzidos do ordenamento jurídico pertinente, destinados a iluminar tento o legislador, ao elaborar as leis dos respectivos sistemas, como o intérprete, ao aplicar as normas ou sanar omissões".

A CLT, por sua vez, também tem seus princípios norteadores, claro, sendo eles: o Princípio da Proteção, o da Irrenunciabilidade de Direitos, o da Continuidade da Relação de Emprego, o da Primazia da Realidade, o da Inalterabilidade Contratual Lesiva e o da Intangibilidade Salarial.

5.1 PRINCÍPIO DA PROTEÇÃO

O primeiro deles, chamado de Princípio da Proteção é, por seu turno, subdividido em outros três princípios, quais sejam: *in dubio pro operario,* aplicação da norma mais favorável e condição mais benéfica.

Em que pese esses três subprincípios do Princípio da Proteção pareçam ser sinônimos diferentes de um mesmo título, distintas são as características de cada um deles.

No subprincípio *In Dubio Pro Operario*, por exemplo, tem-se que, ao analisarmos e/ou interpretarmos uma regra trabalhista e, entre elas houver diferentes

---
(17) SAVIGNY. *Traité de droit romains*. Volume 3, parágrafo 103.

interpretações, deve-se optar pela aplicação da regra mais favorável ou benéfica ao trabalhador/empregado. Lembra-se, porém, que só é possível a aplicação deste Princípio no campo material, pois no que diz respeito ao campo probatório, por exemplo, em se tratando de Direito Processual, não há que se falar em sua aplicação.

No que tange ao segundo subprincípio do Princípio da Proteção, o princípio da aplicação da norma mais favorável dispõe que, havendo duas ou mais normas distintas aplicáveis ao mesmo direito discutido no caso concreto, a norma preferencialmente aplicável deve ser aquela que mais favorecer o trabalhador. Ou seja, deve-se aplicar a norma que, no seu conjunto final, proporcionar ao trabalhador vantagens maiores, independentemente da posição que ocupa tal norma na escala hierárquica da lei.

Por fim, o último subprincípio do Princípio da Proteção é o princípio da condição mais benéfica. Segundo este princípio, as novas regras jurídicas só passarão a integrar a realidade dos novos contratos, não o fazendo quanto aos já firmados anteriormente, a não ser que a nova norma seja mais benéfica. Em outras palavras, o Princípio da Condição mais Benéfica diz que, em havendo um contrato já firmado e uma nova regra posteriormente criada, aplicar-se-á tal norma ao contrato já existente somente se ao trabalhador a norma for mais benéfica que a anterior, pois, sendo o contrário, a nova regra trabalhista só terá aplicação aos contratos firmados após sua criação.

Vencidos os subprincípios do Princípio da Proteção, passemos agora aos demais princípios norteadores do Direito do Trabalho no Brasil.

5.2 PRINCÍPIO DA IRRENUNCIABILIDADE DE DIREITOS

Como o próprio nome já nos adianta, o Princípio da Irrenunciabilidade de Direito nos afirma que, em regra, os Direitos Trabalhistas são irrenunciáveis, ou seja, não podem ser negociados, não podem ser transacionados, abdicados ou, de qualquer forma ignorados, pois são indisponíveis.

Demonstrando a aplicação deste princípio em um exemplo, temos a afirmativa de que o trabalhador não pode abrir mão do seu direito ao décimo terceiro salário, seu direito às férias, ao intervalo intrajornada e qualquer outro, pois irrenunciáveis são.

A abdicação, negociação ou renúncia de qualquer direito trabalhista, mesmo que por escrito ou por qualquer outra via possível, é ato nulo de pleno direito, ou seja, ato juridicamente inexistente, pois desvirtuado do fim para o qual foi criado ou, ainda, fraudulento e resultante de uma atitude baseada na má-fé, conforme nos demonstra a inteligência do art. 9º, da Consolidação das Leis do Trabalho, que diz que:

"Art. 9º Serão nulos de pleno direito os atos praticados com o objetivo de desvirtuar, impedir ou fraudar a aplicação dos preceitos contidos nesta Consolidação[18]".

---

(18) *Consolidação das Leis do Trabalho*, art. 9º, *caput*.

O texto supra nos demonstra, então, que qualquer atitude contrária ou impeditiva da aplicação dos preceitos trabalhistas é considerada nula de pleno direito, ou seja, juridicamente inexistente desde o início, assim como no caso de qualquer tentativa de negociação ou abdicação dos direitos trabalhistas por parte do obreiro.

5.3 PRINCÍPIO DA CONTINUIDADE DA RELAÇÃO DE EMPREGO

Segundo o Princípio da Continuidade da Relação de Emprego, como regra geral, os contratos de trabalho são criados e confeccionados por prazo indeterminado, fazendo-se que com o trabalhador, a partir da contratação, passe a integrar, de forma definitiva, a estrutura da empresa contratante.

Em outros termos, temos como principal consequência do contrato de trabalho omisso no que diz respeito à sua duração, a de que ele deverá ser interpretado como se indeterminado fosse, podendo-se, por outro turno e de forma excepcional, realizar contrato de trabalho por prazo determinado ou por tempo certo.

Vemos expresso o citado princípio da Continuidade da Relação de Emprego na Súmula n. 212, do Colendo Tribunal Superior do Trabalho — TST, quando se tem que:

> "O ônus de provar o término do contrato de trabalho, quando negados a prestação de serviço e o despedimento, é do empregador, pois o princípio da continuidade da relação de emprego constitui presunção favorável ao empregado[19]".

Como visto, a própria Corte Superior interpreta a norma concluindo que o princípio em tela, além de ecoar na esfera processual estabelecendo presunção favorável ao obreiro no que tange ao término do vínculo empregatício, também fundamenta a preservação desejada do contrato de trabalho.

5.4 PRINCÍPIO DA PRIMAZIA DA REALIDADE

O Princípio da Primazia da Realidade, também conhecido como princípio da realidade dos fatos, da mesma forma como ocorre nos demais princípios trabalhistas, foi criado com base na hipossuficiência do trabalhador em relação ao seu empregador, como ferramenta de equilíbrio entre ambos.

A finalidade primordial do princípio em tela é garantir ao obreiro uma proteção referente às discordâncias que possam existir entre o que restou comprovado nos autos do processo e o que realmente ocorria no dia a dia da relação de trabalho e, para tanto, afirma-se que, por mais que haja comprovação documental/formal de alguns fatos e circunstâncias referentes ao labor prestado, a situação que verdadeiramente ocorria durante o contrato de trabalho deve prevalecer, pois a realidade não pode ser desprezada em razão de um documento com conteúdo diverso.

---

(19) Súmula n. 212, Tribunal Superior do Trabalho, de 21 de novembro de 2013.

Clarificando mais este ponto, Américo Plá Rodrigues nos ensina que:

> "O princípio da primazia da realidade significa que, em caso de discordância entre o que ocorre na prática e o que emerge de documentos ou acordos, deve-se dar preferência ao primeiro, isto é, ao que sucede no terreno dos fatos[20]".

Exemplo clássico disso é quando há diferença entre o salário anotado na CTPS obreira e o valor realmente recebido pelo funcionário à título de contraprestação pecuniária pelo labor, onde deve-se ignorar o documento formal com um salário e, para se chegar à base de cálculos dos haveres rescisórios, levar em consideração o salário realmente pago ao funcionário.

Tudo isso, como dito, ocorre em razão do desequilíbrio de poderes existente entre os trabalhadores e os empregadores que, na maioria das vezes, tem o poder de elaboração, imposição de assinatura e guarda dos documentos que tratam do contrato de trabalho.

Assim, para que as comprovações processuais não sejam limitadas somente aos documentos que, normalmente, só a empresa possui, necessário se fez levar em consideração, também, a comprovação testemunhal, por exemplo, inclusive com possibilidade de sobreposição de peso em relação ao documento escrito, sempre com o intuito de se buscar a verdade real dos fatos.

5.5 PRINCÍPIO DA INALTERABILIDADE CONTRATUAL LESIVA

Seguindo a linha principiológica do Direito do Trabalho, é de extrema importância tratarmos do Princípio da Inalterabilidade Contratual Lesiva, também conhecido como princípio da alteração contratual lesiva ao trabalhador, que se encontra expresso no art. 468 da Consolidação das Leis do Trabalho.

O citado artigo aduz que, *verbis*:

> "Art. 468. Nos contratos individuais de trabalho só é lícita a alteração das respectivas condições por mútuo consentimento e, ainda assim, desde que não resultem, direta ou indiretamente, prejuízos ao empregado, sob pena de nulidade da cláusula infringente desta garantia[21]".

Originado do Direito Civil e inspirado na inalterabilidade dos contratos conforme inteligência do *pacta sunt servanda*, o Princípio da Inalterabilidade Contratual Lesiva afirma que o contrato de trabalho do obreiro não pode ser alterado se o resultado for negativo ou prejudicial a ele.

---

(20) RODRIGUES, Plá Rodrigues, Américo. *Princípios de Direito do Trabalho*. Tradução portuguesa por Wagner Gilio. 1. ed. São Paulo: LTr, 1993.
(21) CLT, art. 468, *caput*.

Tal proteção é oriunda da natural posição de hipossuficiência do trabalhador em relação ao seu empregador, que o coloca, na grande maioria das vezes, em uma posição tendenciosa de simples aceitação do que lhe for proposto, mesmo que lhe seja extremamente prejudicial.

Neste ponto, é válido lembrarmos do "exército de reserva" de Karl Marx, cujo conceito critica a economia política, referindo-se ao desemprego estrutural e proposital no capitalismo.

Mas, afinal, o que seria o "exército de reserva"? O também chamado de Exército Industrial de Reserva seria o fato de existirem, propositalmente em uma sociedade capitalista, mais pessoas disponíveis para trabalhar do que vagas de emprego precisando ser ocupadas.

Segundo a tese marxista, essa força de trabalho superior às necessidades de produção seriam requisitos de um bom funcionamento do sistema capitalista, pois para que possa ocorrer o processo de acumulação, essencial é que parte da população ativa esteja sempre desempregada, inibindo, assim, as reivindicações dos trabalhadores e contribuindo para o rebaixamento dos salários[22].

Em termos grosseiros, um exemplo do Exército de Reserva seria a seguinte situação, na qual um empregador fala para o seu funcionário: "Aceite o salário e o serviço que lhe ofereço, pois, caso contrário, certamente existe alguém desempregado o querendo". Simples assim.

E é justamente para que tal fato não ocorra que se veda a alteração contratual lesiva ao trabalhador.

5.6 PRINCÍPIO DA INTANGIBILIDADE SALARIAL

Por último e não menos importante, o Princípio da Intangibilidade Salarial, também chamado pela doutrina de Princípio da Irredutibilidade Salarial aduz, por seu turno, ser garantido ao trabalhador a proibição de redução salarial pela empresa.

A Constituição Federal de 1988, inclusive, traz o citado princípio de forma expressa quando, em seu art. 7º, VI aduz que:

"Art. 7º São direitos dos trabalhadores urbanos e rurais, além de outros que visem à melhoria de sua condição social:

(...)

VI — irredutibilidade do salário, salvo o disposto em convenção ou acordo coletivo[23].

Afinal, o que isso quer dizer? Pois bem, significa dizer que é vedado à empresa realizar uma diminuição nominal do salário do funcionário, sob pena de evidente

---

(22) MARX, Karl. *Contribuição à crítica da economia política*. 2. ed. São Paulo: Expressão Popular, 2008.
(23) Constituição Federal de 1988, art. 7º, inciso VI.

prejuízo ao trabalhador que, como visto alhures, não possui força ou condições suficientes para essa negociação igualitária com seu empregador.

No entanto, a regra não é absoluta, sendo possível a redução por Convenção ou Acordo Coletivo de trabalho, conforme nos demonstra o próprio art. 7º, VI, da Carta Magna, que aduz:

> "Art. 7º São direitos dos trabalhadores urbanos e rurais, além de outros que visem à melhoria da sua condição social:
>
> (...)
>
> VI — irredutibilidade do salário, salvo o disposto em convenção ou acordo coletivo[24]".

Agora, vencida a questão principiológica da Consolidação das Leis do Trabalho, passemos ao estudo evolutivo da norma.

---

[24] Consolidação das Leis do Trabalho, art. 7º, VI.

25

6

A evolução da CLT no tempo

Desde a sua primeira versão, aquela publicada e sancionada por Getúlio Vargas em 1943, muita coisa mudou.

A Consolidação das Leis do Trabalho que temos hoje é bem diferente daquela originária, pois o direito, como se sabe, evolui e deve evoluir com a sociedade.

Por ser dinâmico, o Direito, assim como o povo que o corresponde, vive em constante progresso, um acompanhando e regendo o outro, sempre em busca de um equilíbrio. A CLT, como não poderia ser diferente, também segue este ideal.

Com mais de novecentos artigos, a Consolidação das Leis do Trabalho, nascida em 1943, já teve inúmeras mudanças em seu corpo, mais de 85% dos seus artigos e incisos, inclusive, sempre buscando acompanhar o desenvolvimento da sociedade que rege.

Assim, entre as diversas alterações ocorridas na legislação obreira, traremos uma breve explanação sobre as mais importantes delas.

6.1 DÉCIMO TERCEIRO SALÁRIO

Embora ainda haja uma discussão doutrinária sobre o assunto, o décimo terceiro salário, também conhecido como "gratificação natalina", não faz parte da CLT, pois foi criada pela Lei n. 4.090, de 13 de julho de 1962, pelo então Presidente João Goulart[25].

Assim sendo, mesmo tendo sido criada após o nascimento da Consolidação das Leis do Trabalho, pelo fato de tal direito encontrar-se fora daqueles abordados pela CLT, tal mudança não pode ser considerada evolução direta da legislação obreira em estudo, embora o reflexo o seja.

Com origem em países majoritariamente cristãos, o décimo terceiro salário foi criado com base nas antigas relações de trabalho, em que os funcionários eram parentes ou pessoas próximas dos seus patrões que, por sua vez, lhes davam, ao final do ano, uma cesta natalina como forma de agradecimento pelo serviço desenvolvido no decorrer daquele ano de trabalho.

---

(25) Lei n. 4.090, de 13 de julho de 1962, ementa da lei.

Com tempo, a cesta natalina foi progressivamente substituída por valores monetários e, até 1962, quando da sua regulamentação, era apenas um costume não normatizado, ou seja, o patrão pagava a gratificação natalina aos seus funcionários conforme seu critério particular, sem qualquer obrigação em fazê-lo.

Como pode ser visto, em que pese o décimo terceiro salário não ser um direito trabalhista previsto expressamente na CLT, pode sim ser considerada uma evolução na legislação obreira, mesmo que de forma indireta.

6.2 TRABALHO A DISTÂNCIA

Diferentemente de como ocorre com o Décimo Terceiro Salário, o Trabalho a Distância é uma norma nascida no corpo da Consolidação das Leis Trabalhistas, ou seja, é considerada uma evolução direta da legislação obreira.

Também chamado de Teletrabalho, este tema já vinha sendo alvo de debates pelos Tribunais há muito tempo, pois tal realidade já se via presente no mercado.

No dia 15 de dezembro de 2011, por meio da Lei n. 12.551/11, foi modificado o art. 6º da CLT, instituindo, a partir de então, o trabalho a distância como mais uma forma de relação de emprego.

Para justificar tal alteração, o Relator do então Projeto de Lei n. 3.129/2004, da Câmara dos Deputados, apresentou ao Congresso Nacional argumentação dizendo que:

"A revolução tecnológica e as transformações do mundo do trabalho exigem permanentes transformações da ordem jurídica com o intuito de apreender a realidade mutável. O tradicional comando direto entre o empregador e o seu preposto e o empregado, hoje cede lugar ao comando a distância, mediante o uso de meios telemáticos, em que o empregado sequer sabe quem é o emissor da ordem de comando e controle. O Teletrabalho é realidade para muitos trabalhadores, sem que a distância e o desconhecimento do emissor da ordem de comando e supervisão, retire ou diminua a subordinação jurídica da relação de trabalho[26]".

Como se pode ver, aquela época em que o Projeto de Lei da Câmara foi proposto ao Congresso, já era visível a preocupação do legislador em manter as normas trabalhistas atualizadas, sempre buscando seguir a evolução natural do homem e, consequentemente, da sociedade em que ele vive.

Como a própria justificativa do Deputado Eduardo Valverde nos demonstra, as características daquela relação primária de trabalho não se viam mais presentes nos tempos atuais, motivo pelo qual as regras que a conduzem deveriam, também, encontrar-se atualizadas, sob pena de não mais atingirem os objetivos para os quais foram criadas.

---

(26) VALVERDE, Eduardo. PL da Câmara dos Deputados n. 3.129, de 2004. Altera o art. 6º, da Consolidação das Leis do Trabalho, aprovada pelo DL 5.452, de 1º de maio de 1943, para equiparar os efeitos jurídicos da subordinação exercida por meios telemáticos e informatizados. Disponível em: <http//www.camara.gov.br>. Acesso em: 8 set. 2017.

Assim, buscando fazer com que a Lei avançasse junto com a sociedade, criou-se em 2011 o Teletrabalho que, por sua vez, extinguiu a diferenciação existente entre o trabalho realizado no estabelecimento do empregador e aquele realizado a distância como, por exemplo, na casa do próprio funcionário.

Com isso, esperava-se que os empregadores pudessem contratar mais funcionários, já que não teriam que se preocupar tanto com o espaço físico suficiente em suas empresas, com o custo dessa manutenção física, com o tempo gasto para que os funcionários cheguem ao trabalho e tantos outros fatores, apenas importando-se com a execução do trabalho e a entrega de resultados. Surgia, aqui, uma nova possibilidade de contratação.

6.3 HORAS IN ITINERE

O pagamento da hora *in itinere*, assim como o trabalho a distância, também foi consequência da evolução legislativa do Direito Trabalhista. Contudo, para que possamos demonstrar a importância de mais este passo para o Direito do Trabalho, precisamos entender, primeiro, o que seria a citada hora *in itinere*.

Fruto da construção jurisprudencial, a hora *in itinere* é aquele tempo gasto pelo funcionário para o deslocamento da sua casa à empresa ou vice-versa.

Entretanto, não é qualquer deslocamento do funcionário que pode ser considerado hora *in itinere*, mas somente aquele que ocorre quando a empresa se estabelece em lugar de difícil acesso e sem o devido fornecimento de transporte público, sendo a condução fornecida pelo próprio empregador.

Como explanado acima, os requisitos para caracterização da hora *in itinere* estão expressamente dispostos na Lei, sendo eles: o fato de o empregador fornecer o transporte aos funcionários e o fato de a empresa encontrar-se em lugar de difícil acesso e/ou sem o serviço regular de transporte público.

Concluindo, vê-se imperativo o preenchimento destes requisitos que, somente quando inteiramente cumpridos, dão direito ao funcionário em ter o tempo gasto no caminho para o trabalho considerado como se horas trabalhadas fossem.

Ilustrando o conceito supra, existe hora *in itinere* quando a empresa fica em local de difícil acesso e, por isso, o transporte dos funcionários é oferecido pelo próprio empregador, para que os empregados possam chegar ou sair do seu local de trabalho.

Destaca-se, ainda, que a incompatibilidade de horários com o transporte público regular supre o requisito da sua falta, ou seja, se a empresa encontra-se instalada em lugar habitualmente alimentado pelo transporte público mas, quando do fim da jornada de trabalho dos colaboradores não existe mais o fornecimento do transporte, há que se falar em horas *in itinere*.

Exemplo clássico disso, é o garçom que trabalha em um restaurante no centro da cidade mas, às 3 horas da madrugada, quando termina seu expediente, não tem mais à sua disposição o transporte público em função do horário. Nestes casos, em que pese a existência de transporte regular no local, há que se falar em horas *in itinere* pelo fato de o acesso tornar-se difícil de madrugada.

Nos exemplos citados, todo o tempo gasto pelo funcionário no percurso até o trabalho ou de volta à sua residência é, também, considerado tempo de trabalho, ou melhor, horas *in itinere*.

Vencido este ponto, restando cristalino o conceito de hora *in itinere,* passemos à importância da sua inclusão como mais um Direito Trabalhista.

Como dito anteriormente, a hora *in itinere* é fruto da construção jurisprudencial, ou seja, fruto de diversas e idênticas decisões dos Tribunais Trabalhistas que acabaram, em um primeiro momento, resultando na edição da Súmula n. 90 do Colendo Tribunal Superior do Trabalho, em 1978, época em que já se buscava a adequação da norma à realidade.

Após anos de vigência e evolução da Súmula n. 90/TST, foi proposto na Câmara dos Deputados o Projeto de Lei que, por seu turno, resultou na Lei n. 10.243, de 19 de junho de 2001, cujo principal objetivo era o de acrescentar, mais especificamente no parágrafo segundo do art. 58 da CLT, a hora *in itinere* e seus requisitos.

O citado artigo aduz que:

"Art. 58. A duração normal do trabalho, para os empregados em qualquer atividade privada, não excederá de 8 (oito) horas diárias, desde que não seja fixado expressamente outro limite.

(...)

§ 2º O tempo despendido pelo empregado até o local de trabalho e para o seu retorno, por qualquer meio de transporte, não será computado na jornada de trabalho, salvo quando, tratando-se de local de difícil acesso ou não servido por transporte público, o empregador fornecer a condução[27]".

Afinal, nas situações que o caso se enquadra, todo aquele tempo gasto no caminho de casa para o trabalho ou do trabalho para casa era, também, tempo em que o funcionário ficava à disposição do seu empregador, motivo pelo qual tais horas deveriam ser consideradas horas de trabalho.

6.4 DURAÇÃO DAS FÉRIAS

Quando da criação da Consolidação das Leis do Trabalho, o art. 130 assegurava ao trabalhador um período de férias que era adquirido após doze meses de vigência do contrato de trabalho.

Entretanto, não obstante houvesse a previsão de férias ao trabalhador após um ano de trabalho, a CLT não especificava qual seria o citado período a que teria direito o obreiro, motivo pelo qual esta omissão resultava em grandes lides, já que

---

(27) Consolidação das Leis do Trabalho, art. 58, §2º.

cada empregador concedia ao seu empregado um tempo diferente de descanso e recuperação das energias.

Assim, buscando minimizar os problemas oriundos da não regulamentação completa e padronizar o direito às férias, inclusive com previsão de tempo de descanso proporcional ao período trabalhado, o Decreto-Lei n. 1.535, de 13 de abril de 1977 alterou o *caput* do art. 130 da CLT, atualizando-o para, *verbis*:

> "Art. 130. Após cada período de 12 (doze) meses de vigência do contrato de trabalho, o empregado terá direito a férias na seguinte proporção:
>
> I — 30 (trinta) dias corridos, quando não houver faltado ao serviço por mais de 5 (cinco) vezes;
>
> II — 24 (vinte e quatro) dias corridos, quando houver tido de 6 (seis) a 14 (quatorze) faltas;
>
> III — 18 (dezoito) dias corridos, quando houver tido de 15 (quinze) a 23 (vinte e três) faltas;
>
> IV — 12 (doze) dias corridos, quando houver tido de 24 (vinte e quatro) a 32 (trinta e dois) faltas[28]".

Além disso, o art. 135, da CLT também sofreu alteração e, de acordo com o Decreto-Lei em estudo, foi criada a possibilidade da divisão das férias em 2 períodos, desde que um deles não fosse inferior a 10 (dez) dias corridos.

Aos menores de 18 e maiores de 50 anos, porém, as férias devem ser sempre concedidas de uma só vez, sendo vedada sua divisão.

Como se pode ver, assim como em muitos outros, este ponto da legislação trabalhista também foi atualizado com o passar o tempo, inclusive com previsão legal de cômputo do período de férias, para todos os efeitos, como tempo de serviço, o que também não ocorria quando da primeira previsão legal de direito às férias.

6.5 TRABALHO DA MULHER

Seguindo a evolução da sociedade, o Direito do Trabalho também acompanhou bem de perto a busca e evolução dos Direitos das Mulheres, revogando antigos e criando novos mecanismos de igualdade de direitos e proteção.

Durante toda a história, a mulher foi tratada de forma preconceituosa e prova disso é a Constituição de 1824, que sequer cogitava sua participação na sociedade.

Contudo, entre os diversos pontos evolutivos dos Direitos das Mulheres, satisfazendo o objetivo deste livro, restringiremo-nos tão somente à evolução trabalhista da matéria.

Neste diapasão, o primeiro progresso significativo foi, cronologicamente, em 24 de outubro de 1989, por meio da Lei n. 7.855 que, por sua vez, revogou o art. 379 da CLT.

---

(28) Consolidação das Leis do Trabalho, art. 130, I, II, III e IV.

O citado artigo proibia à mulher a realização de trabalho noturno, permitindo-o em pequenas exceções, como no caso das enfermeiras, por exemplo.

Poucos anos depois, mais especificamente em 26 de maio de 1999, a Lei n. 9.799 insere na Consolidação das Leis do Trabalho diversas regras sobre o livre acesso da mulher ao mercado de trabalho, assim como se pode ver na própria ementa da Lei, que aduz:

"Insere na Consolidação das Leis do Trabalho regras sobre o acesso da mulher ao mercado de trabalho e dá outras providências[29]".

Esta nova redação tinha o intuito principal de eliminar alguns obstáculos até então existentes ao ingresso da mulher no mercado de trabalho e, dentre as novas regras trazidas pela Lei n. 9.799/99, destacam-se algumas que detalharemos um pouco mais.

A primeira delas é aquela que trata da vedação expressa, por exemplo, à publicação de anúncio de vagas de emprego que traga referência ao sexo, idade, cor, ou situação familiar, salvo quando a atividade o exigir.

Esta vedação disposta no inciso I do art. 373-A, da CLT, visa impedir que algumas características ou situações humanas sejam utilizadas como ferramentas de filtro de pessoas para o preenchimento de certas vagas de trabalho.

A segunda nova regra, trazida pela legislação em estudo, é a vedação dos incisos II e III em recusar-se em dar emprego ou promoção, também em virtude de cor, gravidez, idade, sexo ou situação familiar, ou, ainda, a vedação em se vincular tais características e/ou situações à remuneração ou oportunidades de crescimento profissional[30], sempre com o mesmo objetivo de eliminar as ferramentas diferenciadoras que eram utilizadas para menosprezar e até mesmo inviabilizar o trabalho da mulher.

Seguindo nas inovações do trabalho da mulher, o inciso IV passou a proibir a exigência qualquer atestado ou exame de comprovação de gravidez ou esterilidade, tanto na admissão quanto na vigência do contrato de trabalho[31].

Uma outra regra trazida por esta atualização foi, também, a proibição de realização de revista íntima nas funcionárias[32], o que diariamente faziam-se submeter a diversos constrangimentos desde o início da sua jornada de trabalho.

Neste último ponto, embora o legislador não tenha tido tal intenção, com toda a preocupação em se proteger o trabalho da mulher, acabou-se criando com a superproteção, em verdade, mais um obstáculo indireto para sua contratação, já que em alguns ambientes de trabalho, é comum o furto de pequenos objetos de venda, como jóias, por exemplo, que facilmente podem ser transportadas sob as vestes.

---

(29) Lei n. 9.799, de 26 de maio de 1999, ementa. Publicado no DOU em 27.5.2999.
(30) Consolidação das Leis do Trabalho — CLT, art. 373-A, II e III.
(31) Consolidação das Leis do Trabalho — CLT, art. 373, IV.
(32) Consolidação das Leis do Trabalho — CLT, art. 373, V.

É claro que não seria crível deixar em aberto a possibilidade de revistas íntimas nas mulheres, mas algumas regras de como, quando e porque fazê-la talvez já fossem o bastante para o intuito que se buscava.

Adiante, em 2002, a Lei n. 10.421 estendeu às mães adotivas o direito à licença-maternidade de 120 (cento e vinte dias), sem prejuízo do emprego e do salário.

Vários são os outros pontos evolutivos no que se refere à mulher no mercado de trabalho, mas vencidos os principais, sentimo-nos preparados a seguir.

6.6 GORJETAS

A mais recente das modificações celetistas é a Lei n. 13.419, de 13 de março de 2017, também chamada "Lei das Gorjetas" que, em seu pequeno corpo formado por apenas três parágrafos, regulamenta como deverá ser feito o rateio das gorjetas.

Esta legislação estabelece que a gorjeta é receita dos funcionários e, por isso, deve ser distribuída inteiramente entre eles, devendo-se, inclusive, criar uma comissão de empregados destinados à fiscalização desta distribuição nas empresas com mais de 60 funcionários.

Além disso, a Lei das Gorjetas também especifica a porcentagem das gorjetas que poderá ser utilizada para se arcar com os custos dos encargos sociais de acordo com o modelo de tributação de cada empresa, o que até então era feito de forma desarranjada, ou seja, sem regramento específico.

Em outros termos, antes da Lei das Gorjetas, todo valor arrecadado a tal título não tinha destino específico e, em muitos casos, era erroneamente incorporado ao faturamento da empresa e, com a nova lei, estes valores são incorporados à remuneração dos funcionários.

6.7 AVISO-PRÉVIO

Aquela comunicação prévia que deve ser feita à outra parte por quem deseja rescindir o contrato de trabalho, conhecida como aviso-prévio, não foi criação originária da Consolidação das Leis do Trabalho de 1943, mas anterior a ela.

Sua origem se deu no Código Comercial de 1850, mais especificamente no art. 81, que dizia que qualquer parte poderia rescindir o contrato com a outra parte, desde que a avisasse com, pelo menos, 30 (trinta) dias de antecedência.

No que diz respeito ao aviso-prévio no contrato de trabalho, a Lei n. 62, de 5 de junho de 1935, assegurava ao empregado da indústria ou do comércio uma indenização quando houvesse uma dispensa imotivada em contrato de trabalho por prazo indeterminado.

Entretanto, a recíproca não era verdadeira, pois a Lei não falava em aviso quando o funcionário pedisse demissão, o que deixava a empresa, muitas vezes, em prejuízo por falta de tempo hábil para substituição do obreiro que saía.

Foi a CLT que trouxe tal reciprocidade, obrigando o funcionário que pedir demissão a cumprir ou indenizar o aviso-prévio em favor do empregador, de forma recíproca.

Ainda sobre este tema, em 11 de outubro de 2011, a Lei n. 12.506, aumentou o tempo do aviso-prévio em 3 (três) dias a mais para cada ano de serviço prestado na mesma empresa, com limite total de 90 (noventa) dias, buscando proporcionalizar a estabilidade de ambas as partes.

Ou seja, além dos 30 (trinta) dias já garantidos de aviso-prévio desde o início do contrato de trabalho, para cada ano completo na mesma empresa, àquele valor deve-se acrescentar mais três dias até o limite de 90 (noventa) dias de aviso.

6.8 BANCO DE HORAS

O banco de horas, conhecido sistema de compensação de horas pelos funcionários, foi criado pela Lei n. 9.601, de 21 de janeiro de 1998 que, dando nova redação ao art. 59 da Consolidação das Leis do Trabalho, passou a permitir a compensação de horas extras de um dia através da correspondente diminuição da jornada em outro.

Ou seja, se por algum motivo de produção ou período específico do ano, um funcionário tem que ficar uma ou duas horas a mais em um dia de trabalho, em outro ele poderá chegar mais tarde ou sair mais cedo naquela mesma proporção, mantendo-se equilibrada a jornada média e o descanso do colaborador.

O principal objetivo da criação do instituto jurídico do banco de horas, que só foi incluso na CLT após mais de 50 anos da sua vigência, é o de proporcionar às empresas uma maior mobilidade na jornada de trabalho dos seus funcionários, atendendo, assim, as necessidades da produção sem que uma das partes fique sobrecarregada.

Entretanto, para que o acordo de compensação de jornada por banco de horas tenha validade jurídica, é necessário o preenchimento de um requisito essencial, qual seja, a existência de um documento formal e por escrito, concretizado através de Acordo ou Convenção Coletiva de Trabalho, visto que, como dito alhures, segundo o Princípio da Inalterabilidade Contratual Lesiva, a Constituição Federal não permite que a alteração do contrato de trabalho resulte, de alguma forma, em medida prejudicial ao trabalhador.

A criação deste instituto nos demonstra, novamente, que o Direito se preocupa com a evolução legislativa como um todo, sem a preocupação específica de se defender ou proteger apenas um dos lados da relação de trabalho.

Neste caso, por exemplo, o banco de horas foi originado para permitir à empresa uma melhor administração da jornada dos seus funcionários de acordo com a necessidade de produção daquele momento característico.

Assim, conforme visto ter ocorrido em diversos pontos da Consolidação das Leis do Trabalho, aquela CLT criada em 1943 não é, nem de longe, a mesma de hoje, pois já foram feitas mudanças e alterações em mais de 85% do seu texto original, como dito.

Agora, encerrando-se o primeiro momento do livro com uma síntese evolutiva do Direito do Trabalho no Brasil e no mundo e o progresso do seu próprio conteúdo com o passar dos anos, passemos à análise do Projeto de Reforma Trabalhista que, sancionado pelo então Presidente da República, no dia 13 de julho de 2017, transformou-se na Lei Ordinária n. 13.467/2017.

O Segundo Momento

O Projeto de Reforma trabalhista e suas consequências na nova era

7
A proposta de reforma trabalhista e o cenário em que foi apresentada

Primeiramente, para que possamos compreender, com a solidez necessária ao caso, a crise vivida pelo país à época da proposição do Projeto de Lei da Reforma Trabalhista, imperioso se torna a percepção do seu surgimento no Brasil.

Tem-se como uma das razões da origem desta crise, o colapso econômico-financeiro mundial que eclodiu em 2008, fazendo com que o Brasil adotasse uma estratégia de estímulo ao consumo, mediante redução de juros, impostos, desonerações ficais e várias outras medidas que fizeram com que o país crescesse durante este conturbado período.

Entretanto, o período de crise durou mais que o esperado e o Governo acabou mantendo as citadas medidas indutivas do consumo que, por sua vez, fizeram a arrecadação cair por um longo tempo.

Com a queda da arrecadação pelo Estado, por óbvio, houve um desequilíbrio das contas públicas, o que acabou fazendo com que o Brasil deixasse de ser um investimento atrativo.

Diante deste cenário, o Governo viu-se obrigado a cortar despesas, restringindo benefícios e aumentando impostos e tributos, o que reduziu, por consequência, a circulação de moeda no mercado.

É neste ponto, então, que se inicia o ciclo vicioso da crise, pois se o Governo restringe os benefícios e aumenta os impostos e os tributos, a população, por sua vez, deixa de gastar e, fazendo isso, o próprio Estado deixa de recolher cada vez mais dinheiro, o que o faz buscar mais arrecadação e, consequentemente, mais recessão[33].

O aumento progressivo dessa recessão é visto como um dos fatores predominantes para o impeachment da então Presidente Dilma Rousseff e, foi justamente em meio à esta crise econômica que atingia o Brasil pós-impeachment que, mais especificamente, no dia 22 de dezembro de 2016, foi anunciado pelo próprio Governo, o Projeto de Lei n. 6.787/2016, cujo intuito era o de impulsionar uma minirreforma trabalhista.

---

(33) *Como o Brasil entrou, sozinho, na pior crise da história.* Época. 4 de abril de 2016.

Justificada como uma alternativa que buscava desonerar o custo do empregador com os funcionários por meio da flexibilização dos direitos trabalhistas, essa "minirreforma" tornou-se, a bem da verdade e no decorrer do processo legislativo, na elaboração de um novo Código Obreiro, com aproximadamente 100 artigos modificados em sua essência.

7.1 A FUNDAMENTAÇÃO DA REFORMA TRABALHISTA

Assim como deve ser observado em qualquer Projeto de Lei sugerido na Câmara dos Deputados ou no Senado Federal, e conforme exige a técnica legislativa, qualquer proposição de criação de uma nova Lei ou alteração de uma já existente deve ser precedida de uma justificativa que demonstre o porquê de tal necessidade. Com o projeto de Reforma Trabalhista, claro, não poderia ser diferente.

Portanto, juntamente com a proposta da Reforma Trabalhista veio a sua justificativa que, por seu turno, foi no sentido de que tal reforma seria uma ferramenta de aprimoramento das relações de trabalho no Brasil, que se sustentaria pela valorização da negociação coletiva realizada entre os trabalhadores e seus empregadores.

Outro intuito que ficou claro nas fundamentações da importância da reforma proposta foi o de atualizar os mecanismos utilizados no combate da mão de obra informal no país e o amadurecimento das relações entre o trabalho e o capital, o que traria mais segurança jurídica às partes.

Segundo se vê no próprio texto de justificativa do Projeto de Lei n. 6.787/2016 (Reforma Trabalhista), um dos problemas citados como razões para tais mudanças seria o grande número de demandas judiciais que questionavam a autonomia dos pactos laborais, o que gerava a citada insegurança às partes.

Neste sentido, aduz a justificativa dizendo, *verbis*:

"O Brasil vem desde a redemocratização em 1985 evoluindo no diálogo social entre trabalhadores e empregadores. A Constituição Federal de 1988 é um marco nesse processo, ao reconhecer o inciso XXVI do art. 7º as convenções e acordos coletivos de trabalho. O amadurecimento das relações entre capital e trabalho vem se dando com as sucessivas negociações coletivas que ocorrem no ambiente das empresas a cada data-base, ou fora dela. Categorias de trabalhadores como bancários, metalúrgicos ou petroleiros, dentre outros, prescindem, há muito tempo, de atuação do Estado para promover-lhes o entendimento com as empresas. Contudo, esses pactos laborais vêm tendo a sua autonomia questionada judicialmente, trazendo insegurança jurídica às partes quanto ao que foi negociado. Decisões judiciais vem, reiteradamente, revendo pactos laborais firmado entre empregadores e trabalhadores, pois não se tem um marco legal claro dos limites da autonomia da norma coletiva de trabalho[34]".

Vê-se, portanto, sem adentrarmos em interesses políticos ou econômicos possivelmente existentes por trás da matéria, que as grandes razões da reforma

---

(34) Projeto de Lei da Câmara dos Deputados n. 6787/2016, de autoria do Governo Federal, que altera o Decreto-Lei n. 5.452, de 1º de maio de 1943, e a Lei n. 6.019, de 03 de janeiro de 1974. Justificativa apresentada.

trabalhista proposta são, no contexto demonstrado pela justificativa em estudo, a necessidade de acompanhamento na evolução das relações de trabalho e, também, o grande número de demandas trabalhistas na justiça que, supostamente, diminuiriam, tudo em razão de uma legislação trabalhista ultrapassada que, por ser enrijecida, dificultava a criação de novos empregos.

Com facilidade percebe-se que, ao final, quando da aprovação e posterior sanção do Presidente da República, o texto acabou abrangendo uma área muito superior àquela primária para a qual teria sido criado, pois, a bem da verdade, a ideia da "minirreforma" acabou ocasionando no início de uma nova era trabalhista.

7.2 POSICIONAMENTOS FAVORÁVEIS À REFORMA TRABALHISTA

Como tudo que envolve o Direito e seus pares, durante os debates de criação do texto que resultaria na Reforma Trabalhista, houve muitas posições e movimentações contrárias e favoráveis de diversas áreas, pois esta matéria, pelo impacto que poderia gerar na sociedade, foi tema de inúmeras palestras, audiências públicas, estudos e discussões.

Com o intuito de posicionar o leitor na importância da matéria que, por sua vez, justificava o tamanho e a amplitude do debate da questão proposta, traremos, de forma objetiva, ao conhecimento, os principais pontos defendidos por aqueles favoráveis à reforma e, também, os principais pontos atacados pelos que eram contrários a ela.

Defendendo a necessidade da reforma trabalhista e, consequentemente, a aprovação do Projeto de Lei que lhe daria origem, os principais pontos de defesa eram, em sua grande maioria, no sentido de que tal mudança geraria mais empregos, diminuiria o número de trabalhadores informais, traria mais segurança jurídica às relações de trabalho e, até mesmo, traria melhorias para a economia do país.

Pela promessa de aumento do número de empregos e a consequente diminuição de trabalhadores informais no mercado de trabalho, seus defensores sustentavam que as alterações trazidas pela Lei n. 13.467/2017 iria, por atualizar as regras e novos formatos de contratação, fomentar a criação de novos postos de trabalho.

O próprio Presidente da República à época, Michael Temer, defendia a necessidade da reforma proposta sob o argumento de que "o mundo de hoje não é o mundo de 1943" e, ainda, *"hoje, as pessoas são capazes de fazer acordo [de trabalho]*[35]*"*.

No que diz respeito à expectativa pela diminuição dos empregos informais, tal conquista seria mera consequência natural do aumento de vagas de trabalho, pois não se espera que haja contratação informal, tendo-se facilitada e barateada a contratação regular de funcionários.

---

(35) Câmara dos Deputados. *Sem vetos, reforma trabalhista é sancionada por Michael Temer*. Disponível em: <http://www2.camara.leg.br/camaranoticias/noticias/POLITICA/537963-SEM-VETOS,-REFORMA-TRABALHISTA-E-SANCIONADA-POR-TEMER.html>. Acesso em: 5 out. 2017.

A segurança jurídica visada com a reforma, por sua vez, baseia-se no aumento da gama de matérias e situações que possibilitariam as negociações entre empregados e empregadores, pois, após assinados os respectivos acordos, não haveria mais que se falar em discussão no Judiciário.

E foram justamente estes os argumentos sustentados pelo governo e por aqueles favoráveis à reforma desde o início de toda movimentação até a sanção Presidencial.

7.3 POSICIONAMENTOS CONTRÁRIOS À REFORMA TRABALHISTA

Assim como esperado, também existia uma grande movimentação contrária à reforma trabalhista, inclusive superior às movimentações favoráveis, pois entre os riscos e benefícios da sua aprovação, o primeiro sempre era o ponto alto das discussões.

Neste diapasão, em sentido literalmente oposto aos argumentos favoráveis à reforma trabalhista, todo embasamento contrário à ela era, essencialmente, vinculada à precarização da qualidade do trabalho e, consequentemente, da saúde do trabalhador, insegurança jurídica, diminuição das vagas de emprego e, também, considerável piora da economia brasileira como consequência final de todos os demais fatores.

Da mesma forma que ocorria com os defensores da reforma, aqueles contrários a ela defendiam justamente o oposto, ou seja, defendiam que as alterações propostas pela reforma trabalhista ensejariam, na verdade, no aumento do número de demissões e, consequentemente, desemprego, bem como na precarização do mercado de trabalho, da qualidade de vida e saúde dos trabalhadores e o consequente aumento do número de acidentes de trabalho e doenças ocupacionais, acarretando, por fim, na piora do comportamento do próprio mercado em si.

Aos que eram contra a reforma trabalhista, era de se esperar uma grande e negativa mudança no sistema de relações de trabalho, principalmente ao inserir como possibilidade o rebaixamento da norma pela negociação coletiva.

Um dos pontos argumentativos foi no sentido de que o fato de o negociado prevalecer sobre o legislado, por exemplo, significaria que a realidade das contratações do mercado de trabalho poderia, com segurança legal, ser estabelecida em condições piores que o mínimo previsto pela Constituição Federal.

Até sua aprovação, o acordo e as convenções coletivas tinham intuito de melhorar os parâmetros mínimos estabelecidos pela Carta Magna que, por seu turno, deveria garantir, pelo menos, os direitos básicos aos trabalhadores.

Agora, após a vigência da nova legislação obreira, vê-se que o objetivo de tais negociações pode ser justamente em sentido contrário, ou seja, rebaixando os critérios e parâmetros mínimos previstos pela Constituição Federal de 1988, tudo sob a fundamentação de que se estaria realizando a "flexibilização" dos direitos em prol da evolução da lei.

Como consequência disso, defendia-se, ainda, que as inovações da reforma seriam uma simples adequação da realidade do mercado à Lei, como forma de se passar a prever na legislação trabalhista situações que, até sua atualização, eram o principal incentivo às contratações irregulares.

Exemplo disso é o teletrabalho que, até então, não tinha previsão expressa na lei que, com a reforma, foi criada. Como fundamento para sua criação, como dito anteriormente, buscava-se evolução da norma juntamente com o progresso natural do homem e suas relações.

Segundo os defensores da reforma trabalhista, a criação da forma de contratação por teletrabalho é um exemplo da possibilidade de se instigar as empresas em realizar novas contratações, desta vez sem a necessidade de gastos com adequação e manutenção de espaços físicos em suas sedes.

Com a economia proposta pela possibilidade de contratação de novos funcionários, sem o necessário aumento do espaço físico da empresa, esperava-se uma consequente ampliação do número de vagas.

Entretanto, também é válido lembrar que, em que pese a boa intenção, tal criação se deu de forma muito limitada e rasa, pois não prevê diversos pontos contratuais cujo esclarecimento é necessário para se garantir a permanência da qualidade do ambiente de trabalho e segurança do obreiro.

Ainda, no que diz respeito ao teletrabalho, por exemplo, não restou esclarecido pela norma como, de fato, se dará o controle das horas extraordinárias de labor, fato que não podemos deixar de lado, haja vista sua previsão expressa na própria Constituição Federal.

Não sendo o bastante, o tópico do teletrabalho ainda excluiu da sua aplicação os pontos referentes à jornada de trabalho, retirando do obreiro que trabalhar em casa, portanto, o direito de ter computadas e controladas suas horas de labor para que não haja excesso ou, tampouco, exploração desproporcional à contraprestação ofertada.

Seguindo, outro argumento muito utilizado para se demonstrar as consequências negativas que surgiriam com a reforma trabalhista, era a criação do contrato de trabalho intermitente, cuja principal consequência seria a legitimação do "bico" como opção de contrato de trabalho formal e, ainda, a limitação da indenização por danos morais em até 50 (cinquenta) salários.

Também incomodava a intimidação da busca pela Justiça, teoricamente fundamentada no incentivo à solução de conflitos por meios extrajudiciais, muitas vezes retirando o obreiro a segurança de saber que futuramente poderia discutir os termos da relação de trabalho perante o Judiciário.

Ou seja, em razão da busca pela "flexibilização" dos direitos trabalhistas, muito preocupava a precarização das condições do trabalho, ainda mais depois de conquistada após tanto sangue e suor derramados ao longo de décadas.

A segurança jurídica visada também não seria alcançada, segundo o posicionamento contrário à reforma, pois, em razão do grande número de pontos tidos como inconstitucionais, vários artigos e incisos da reforma proposta seriam, futuramente, alvo de discussão pelo Supremo Tribunal Federal.

Desta feita, como seria segura a aplicação de uma legislação com tantos temas passíveis de discussão? Segurança, no mínimo, arriscada.

Assim, em razão da limitação temporal e, consequentemente, falta de tempo para discussão e estudos mais aprofundados sobre os temas propostos pela reforma, a insegurança da nova realidade que surgia tomou conta de grande parte das pessoas, muitas por não saber o que esperar da nova legislação e tantas outras pelas dúvidas causadas em razão dos textos rasos e superficiais criados sobre novos conceitos.

8
Aprovação da Reforma Trabalhista pelo Congresso Nacional e Sanção Presidencial

Após as possíveis análises, estudos, debates, audiências públicas e discussões, chegou-se ao fim da tramitação do Projeto de Reforma Trabalhista no Congresso Nacional, mais precisamente após aprovação pelo Senado Federal, no dia 11 de julho de 2017.

Ainda, seguindo os trâmites legais, tendo o Senado Federal aprovado o documento final, o texto foi encaminhado ao Presidente da República, a quem competia analisá-lo por último e, sob seu crivo, sancioná-lo por inteiro ou em parte, podendo vetar algum dispositivo que julgasse preciso.

Muito se esperava que alguns pontos específicos da reforma trabalhista fossem vetados, principalmente aqueles referentes às questões tidas como possivelmente inconstitucionais.

Entretanto, de forma oposta à esperada, o texto da reforma trabalhista foi sancionado sem vetos pelo Presidente da República que, por seu turno, prometeu editar uma Medida Provisória que modificasse os pontos controversos, conforme informação veiculada pelo próprio Senado Federal[36].

---

(36) Senado Federal, Temer Sanciona Reforma Trabalhista sem Vetos. Disponível em: <http://www12.senado.leg.br/noticias/audios/2017/07/temer-sanciona-reforma-trabalhista-sem-vetos>. Acesso em: 4 out. 2017.

9
Principais mudanças da Reforma Trabalhista

Conforme já pincelado anteriormente, aquele projeto de "minirreforma" trabalhista, à medida que avançava no processo legislativo do Congresso Nacional, acabou tornando-se um verdadeiro marco para o Direito Trabalhista Brasileiro.

Ora, somente na Câmara dos Deputados, por exemplo, o Projeto original da reforma trabalhista recebeu 840 emendas, ou seja, 840 sugestões de mudanças dos parlamentares.

Na época, o Relator do projeto na Câmara, Deputado Rogério Marinho afirmou que:

> "Na verdade, há uma enorme demanda reprimida em relação à questão trabalhista, então os parlamentares certamente estão aproveitando este momento para falar sobre os temas mais variados[37]".

É justamente em razão destes ditos "temas mais variados", que a reforma trabalhista tornou-se de tamanha proporção, pois seus artigos originários hoje tratam de quase todos os pontos previstos na Consolidação das Leis do Trabalho, além de criarem novos tipos de trabalho e relação empregatícia.

Quando da apreciação do Projeto de Lei pelo Senado Federal, por seu turno, o texto da reforma trabalhista recebeu outras 186 emendas, totalizando, ao final, mais de mil alterações e sugestões ao texto originário proposto pelo Governo.

Baseado nas mudanças oriundas dessa nova legislação obreira, à frente destacaremos os reflexos das principais modificações que poderão ser experimentadas no dia a dia dos trabalhadores e empregadores.

9.1 DO GRUPO ECONÔMICO E SUCESSÃO TRABALHISTA

Uma das primeiras alterações que podemos destacar desta nova legislação trabalhista é o esclarecimento formal do alcance da responsabilidade para fins de solidariedade entre empresas.

---

(37) TRABALHO e previdência. Deputados apresentam 840 emendas à proposta de reforma trabalhista. Disponível em: <http//www.camara.gov.br>. Acesso em: 13 set. 2017.

Antes da reforma trabalhista, não havia uma previsão legal sobre o conceito e caracterização de grupo econômico, restando ao judiciário este dever e, por isso, restavam dúvidas sobre quem seria o responsável pelo pagamento dos haveres trabalhistas.

A CLT de 1943 apenas impõe a responsabilidade solidária entre as empresas de um mesmo grupo econômico, mas não estabelece de quem seria a responsabilidade pelo pagamento de eventual condenação trabalhista.

Na prática, significa dizer que quando um trabalhador rescindia seu contrato de trabalho com uma empresa pertencente a um grupo econômico, a reclamação trabalhista poderia ser ajuizada em face de qualquer uma das empresas, ou seja, tanto em face daquela empresa contratante direta quanto contra a empresa parceira, com identidade de sócios ou sob o mesmo controle.

O artigo que trata do assunta falava que, *verbis*:

"Art. 2º Considera-se empregador a empresa, individual ou coletiva, que, assumindo os riscos da atividade econômica, admite, assalaria e dirige a prestação pessoal de serviço.

(...)

§ 2º Sempre que uma ou mais empresas, tendo, embora, cada uma delas, personalidade jurídica própria, estiverem sob direção, controle ou administração de outra, constituindo grupo industrial, comercial ou de qualquer outra atividade econômica, serão, para os efeitos da relação de emprego, solidariamente responsáveis à empresa principal e cada uma das subordinadas[38]".

Destaca-se, ainda, que nestes casos, a configuração, ou não, do grupo econômico ficava exclusivamente a cargo do Judiciário, pois sua aplicação era totalmente subjetiva.

Após a alteração, como dito, o trecho em referência passou a ter o seguinte escrito, *litteris*:

"Art. 2º Considera-se empregador a empresa, individual ou coletiva, que, assumindo os riscos da atividade econômica, admite, assalaria e dirige a prestação pessoal de serviço.

(...)

§ 2º Sempre que uma ou mais empresas, tendo cada uma personalidade jurídica própria, possuírem direção, controle e administração centralizada em uma delas, exercendo o efetivo controle sobre as demais, em típica relação hierárquica, constituindo grupo industrial, comercial ou de qualquer outra atividade econômica, serão, para os efeitos da relação de emprego, solidariamente responsáveis a empresa principal, que detêm o efetivo controle das demais, e cada uma das outras empresas subordinadas[39]".

Agora, com a nova redação da legislação obreira, vê-se mantida a responsabilidade solidária entre as empresas pertencentes a um mesmo grupo econômico,

---

(38) Consolidação das Leis do Trabalho, art. 2º, §2º.
(39) Lei n. 13.467, de 13 de julho de 2017, art. 2º.

mas, desta vez, com um parágrafo a mais que nos traz a definição clara de grupo econômico.

Este novo parágrafo que complementa o art. 2º, da Consolidação das Leis do Trabalho aduz que, para que haja existência e configuração de grupo econômico, cabe à parte demonstrar um interesse integrado e efetiva atuação conjunta da empresa, não havendo que se falar em sua ocorrência apenas quando existe identidade de sócios, por exemplo.

A intenção do legislador em deixar expresso o conceito de grupo econômico foi a de encerrar as discussões sobre quais empresas poderiam ser responsabilizadas por dívidas trabalhistas de outras empresas, o que traria mais segurança jurídica a elas, claro.

Tal proteção tem o cristalino objetivo de resguardar as empresas que, em que pese, integrarem um grupo econômico formal, em verdade nunca fizeram parte deste grupo, sempre mantendo uma atuação diversa e independente da(s) outra(s).

No que tange à sucessão trabalhista, também houve modificações de destaque relevante. Entretanto, primeiro veremos o conceito de sucessão trabalhista, também conhecida como sucessão de empregadores.

Tal sucessão ocorre quando uma empresa adquire, de forma universal, todos os bens ativos e passivos de uma outra empresa, resultando, por consequência, na modificação do contrato de trabalho, já que o trabalhador da primeira sucedida, agora, será funcionário da sucessora.

Tratando do assunto, o art. 10 da Consolidação das Leis do Trabalho dizia que "*Qualquer alteração na estrutura jurídica da empresa não afetará os direitos adquiridos por seus empregados*[40]".

Nestes casos, como se pode ver, a legislação obreira pré-reforma entendia que a responsabilidade pelas dívidas trabalhistas era exclusivamente obrigação da empresa sucessora, ou seja, daquela empresa que adquiriu os passivos e ativos da empresa sucedida, pois nesta aquisição, logicamente, adquiria-se a responsabilidade pelas dívidas por completo.

A reforma, então, alterou o artigo, deixando-o com o seguinte texto:

"Art. 10-A. O sócio retirante responde subsidiariamente pelas obrigações trabalhistas da sociedade, relativa ao período em que figurou como sócio, somente em ações ajuizadas em até dois anos após averbada a modificação do contrato, observada a seguinte ordem de preferência:

I — a empresa devedora;

II — os sócios atuais e;

III — os sócios retirantes.

Parágrafo Único. O sócio retirante responderá solidariamente com os demais quando ficar comprovada a fraude na alteração societária decorrente da modificação do contrato[41]".

---

(40) Consolidação das Leis do Trabalho, art. 10, *caput*.
(41) Lei n. 13.467, de 13 de julho de 2017, art. 10-A.

Após a reforma, com o novo art. 10-A da CLT e seus incisos, criou-se a regra de que o sócio retirante responde de forma subsidiária pelas obrigações trabalhistas da empresa sucedida, mas somente em relação ao período em que figurou como sócio.

Entretanto, para que haja tal responsabilidade do sócio retirante, a reclamação trabalhista deve ser ajuizada em, no máximo, dois anos após averbada a modificação do contrato social.

Além desta inovação, como dito, o art. 10 traz consigo três incisos que, por sua vez, estabelecem uma ordem preferencial para a execução da dívida, devendo esta ser feita, primeiro, em face da empresa devedora (inciso I) e, não havendo êxito, passa-se à execução dos atuais sócios (inciso II), tentando-se, por último, a execução em face do sócio retirante (inciso III).

É válido lembrar, ainda, que, para os casos de fraude na alteração do contrato social, aplicar-se-á a responsabilidade solidária dos sócios retirantes, conforme a inteligência do Parágrafo Único do artigo em estudo.

Com as alterações trazidas acima, espera-se uma maior segurança jurídica às empresas que, como implicação, poderão criar mais vagas de emprego.

9.2 DO NEGOCIADO VS LEGISLADO

Certamente um dos pontos mais polêmicos da reforma trabalhista, a possibilidade de prevalência do negociado em detrimento ao legislado, foi o alvo principal das discussões, palestras e audiência públicas que trataram do tema em todo o Brasil.

A Constituição Federal, como se sabe, é a lei maior que deve guiar, embasar e fundamentar todas as outras, pois soberana é, e, por isso, deve estabelecer normas vinculantes, preceitos jurídicos, diretrizes e até mesmo dizer o modo como funcionará o Estado em si.

Nesta mesma linha de raciocínio nos ensina Luiz Fabião Guasque, dizendo que:

> "A Constituição é o ponto de partida de um processo de criação do Direito positivo. A Grundorm, ou lei fundamental dos alemães, é a fonte comum da validade de todas as normas da mesma ordem normativa. Mas essa lei magna fornece o fundamento de validade, a legitimação e o processo para elaboração e o conteúdo dos preceitos que formam esse sistema infraconstitucional[42]".

Em outras palavras, no âmbito nacional, a Constituição de um país rege o princípio da constitucionalidade das leis, ou seja, dita os limites que devem ser seguidos por todas as demais normas infraconstitucionais.

O ordenamento jurídico brasileiro, por sua vez, também segue os ditames do princípio da constitucionalidade, colocando a Constituição Federal no topo da hierarquia das normas.

---

(42) GUASQUE, Luiz Fabião. *Direito Público:* temas polêmicos. Rio de Janeiro: Freitas Bastos, 1997.

Vencido este ponto e entendido o posicionamento, importância e força jurídica da Constituição Federal perante as demais normas do Estado Democrático de Direito, passemos a analisar os reflexos diretos deste fato sobre o texto aprovado pela reforma trabalhista, em que o negociado poderá prevalecer inclusive em relação ao legislado.

Segundo o que nos traz a nova legislação trabalhista, mais especificamente no art. 611-A, *verbis*:

> "Art. 611-A. A convenção coletiva e o acordo coletivo de trabalho têm prevalência sobre a lei quando, entre outros, dispuserem sobre:
>
> I — pacto quanto à jornada de trabalho, observados os limites constitucionais:
>
> II — banco de horas anual;
>
> III — intervalo intrajornada, respeitado o limite mínimo de trinta minutos para jornadas superiores a seis horas;
>
> IV — adesão ao Programa Seguro-Desemprego, de que trata a Lei n. 13.189, de 19 de novembro de 2015;
>
> V — plano de cargos, salário e funções compatíveis com a condição pessoal do empregado, bem como identificação dos cargos que se enquadram como funções de confiança;
>
> VI — regulamento empresarial;
>
> VII — representante dos trabalhadores no local de trabalho;
>
> VIII — teletrabalho, regime de sobreaviso e trabalho intermitente;
>
> IX — remuneração por produtividade, incluídas as gorjetas percebidas pelo empregado, e remuneração por desemprego individual;
>
> X — modalidade de registro de jornada de trabalho;
>
> XI — troca do dia de feriado;
>
> XII — enquadramento do grau de insalubridade;
>
> XIII — prorrogação de jornada em ambientes insalubres, sem licença prévia das autoridades competentes do Ministério do Trabalho;
>
> XIV — prêmios de incentivo em bens ou serviços, eventualmente concedidos em programas de incentivo;
>
> XV — participação nos lucros ou resultados da empresa[43]".

Conforme se vê com o artigo supra, a Consolidação das Leis do Trabalho, após sua reforma, traz algumas opções de temas que poderão ser objeto de negociação entre empregado e empregador, inclusive prevalecendo em relação ao legislado sobre cada tema.

Existe, porém, algumas contradições nesta alteração, que veremos à frente.

Uma delas é, por exemplo, o fato de o art. 7º da Constituição Federal assegurar que "*São direitos dos trabalhadores urbanos e rurais, além de outros que visem à*

---

[43] Lei n. 13.467, de 13 de julho de 2017, art. 611-A.

melhoria de sua condição social[44]", ou seja, assegurar a aplicação do Princípio da Vedação do Retrocesso Social.

Tal princípio, no que lhe diz respeito, significa dizer que, em geral, a inovação legislativa deve ocorrer apenas para beneficiar os trabalhadores, o que não é satisfeito com esta alteração.

Além disso, conforme já vimos, a Constituição Federal, na hierarquia das normas, ocupa o topo da pirâmide de Kelsen e, por isso, não pode ser contrariada por qualquer outro preceito, o que também não é levado em consideração com a alteração posta.

Outro ponto que merece destaque é que, como se pode observar no artigo supra, seu texto traz a expressão "entre outros", o que nos demonstra que o rol das matérias lá dispostas não é taxativo, mas exemplificativo e, por isso, diferentemente de como tenta nos fazer crer, deixa em aberto tais possibilidades.

Todavia, dos males o menor, pois a nova Consolidação das Leis do Trabalho também traz, desta vez, de forma restritiva, as matérias que, pela sua importância, não podem ser objetos de negociação entre as partes de uma relação de emprego, sendo elas as seguintes:

"Art. 611-B. Constituem objeto ilícito de convenção ou de acordo coletivo de trabalho, exclusivamente, a supressão ou a redução dos seguintes direitos:

I — normas de identificação profissional, inclusive as anotações na Carteira de Trabalho e Previdência Social;

II — seguro-desemprego, em caso de desemprego involuntário:

III — valor dos depósitos mensais e da indenização rescisória do Fundo de garantia do Tempo de Serviço (FGTS);

IV — salário mínimo;

V — valor nominal do décimo terceiro salário;

VI — remuneração do trabalho noturno superior à do diurno;

VII — proteção do salário na forma da lei, constituindo crime sua retenção dolosa;

VIII — salário-família;

IX — repouso semanal remunerado;

X — remuneração do serviço extraordinário superior, no mínimo, em 50% à do normal;

XI — número de dias de férias devidas ao empregado;

XII — gozo de férias anuais remuneradas com, pelo menos, um terço a mais do que o salário normal;

XIII — licença-maternidade com duração mínima de cento e vinte dias;

XIV — licença-paternidade nos termos fixados em lei;

XV — proteção do mercado de trabalho da mulher, mediante incentivos específicos, nos termos da lei;

XVI — aviso-prévio proporcional ao tempo de serviço, sendo no mínimo de trinta dias, nos termos da lei;

---

(44) Constituição Federal de 1988, art. 7º, *caput*.

XVII — normas de saúde, higiene e segurança do trabalho previstas em lei ou em normas regulamentadoras do Ministério do Trabalho;

XVIII — adicional de remuneração para as atividades penosas, insalubres ou perigosas;

XIX — aposentadoria;

XX — seguro contra acidente de trabalho, a cargo do empregador;

XXI — ação, quanto aos créditos resultantes das relações de trabalho, com prazo prescricional de cinco anos para os trabalhadores urbanos e rurais, até o limite de dois anos após a extinção do contrato de trabalho;

XXII — proibição de qualquer discriminação no tocante a salário e critérios de admissão do trabalhador com deficiência;

XXIII — proibição de trabalho noturno, perigoso ou insalubre a menores de dezoito anos e de qualquer trabalho a menores de dezesseis anos, salvo na condição de aprendiz, a partir dos quatorze anos;

XXIV — medidas de proteção legal de crianças e adolescentes;

XXV — igualdade de direitos entre o trabalhador com vínculo empregatício permanente e o trabalhador avulso;

XXVI — liberdade de associação profissional ou sindical do trabalhador, inclusive o direito de não sofrer, sem sua expressa e prévia anuência, qualquer cobrança ou desconto salarial estabelecidos em convenção coletiva ou acordo coletivo de trabalho;

XXVII — direito de greve, competindo aos trabalhadores decidir sobre a oportunidade de exercê-lo e sobre os interesses que davam por meio dele defender;

XXVIII — definição legal sobre os serviços ou atividades essenciais e disposições legais sobre o atendimento das necessidades inadiáveis da comunidade em caso de greve;

XXIX — tributos e outros créditos de terceiros;

XXX — as disposições previstas nos artigos 373-A, 390, 392, 392-A, 394, 394-A, 395, 396 e 400 desta Consolidação.

Parágrafo Único. Regras sobre duração do trabalho e intervalos não são consideradas como normas de saúde, higiene e segurança do trabalho para os fins do disposto neste artigo[45]".

Assim como ocorrido no artigo anterior, o art. 611-B traz contradições, sendo uma delas, por exemplo, o fato de o Parágrafo Único dizer que, para os fins desta norma, a duração do trabalho e do intervalo intrajornada não ser consideradas normas de saúde e segurança do trabalho.

Demonstrando, então, a citada contradição, traremos à lembrança da história ocorrida por traz da criação expressa da jornada máxima de trabalho como ferramenta de proteção do trabalhador.

Ora, como dito na parte histórica do livro, antes da criação da Consolidação das Leis do Trabalho, em 1943, os trabalhadores eram submetidos a jornadas desumanas de trabalho, o que acabava resultando em vários acidentes que, quando bem, não derivavam na morte do obreiro.

---

(45) Lei n. 13.467, de 13 de julho de 2017, art. 611-B.

Atualmente, após anos de evolução e estudos sobre o tema, tem-se como certa a influência direta da jornada de trabalho na saúde do trabalhador, o que se reflete, inclusive, no seu âmbito familiar.

A força de tal influência advém do fato de que o excesso de trabalho também implica, consequentemente, em sacrifícios de horários de alimentação, repouso, sono, lazer e de contatos com amigos e familiares, por exemplo[46].

Justamente por isso que, desde o início da busca pela criação de uma legislação obreira, um dos seus principais objetivos sempre foi o de se reduzir a jornada de trabalho.

Entretanto, em que pese ter-se clara a relação da jornada de trabalho com a saúde e segurança do trabalhador, o Parágrafo Único do art. 611-B da CLT simplesmente ignora tais dados ao afirmar que o tempo de jornada ou do tempo de descanso não seriam normas de saúde e segurança do trabalho.

Assim sendo, neste ponto vemos que, diferentemente de como se diz buscar, a reforma trabalhista regrediu em relação ao já conquistado com anos de sangue, suor e vida dos trabalhadores, pois neste ponto também será possível a "negociação".

9.3 DAS FÉRIAS

O termo férias, cuja origem vem do latim "*feria*", que significa "dia de festa", faz referência ao período de descanso temporário existente em uma atividade desenvolvida de forma habitual.

A Consolidação das Leis do Trabalho previa em seu art. 130 que:

> "Art. 130. Após cada período de doze meses de vigência do contrato de trabalho, o empregado terá direito a férias, na seguinte proporção...[47]".

Como se sabe, existem dois períodos relacionados às férias, sendo eles: o período aquisitivo e o período concessivo.

Por período aquisitivo, entende-se aquele descrito no *caput* do citado art. 130, mais especificamente quando a norma diz: "após cada período de doze meses de vigência do contrato de trabalho", sendo o período em que, cumprido, faz com que o trabalhador passe a ter direito às férias de 30 (trinta) dias corridos.

Satisfeito o período aquisitivo e, consequentemente, adquirido o direito às férias, o trabalhador entra automaticamente no período concessivo, ou seja, aquele período em que o obreiro deve gozá-la, sob pena de multa imposta ao empregador que não o permitir fazer.

---

(46) LEE, S.; McANN, D.; MESSENGER, J. C. *Duração do Trabalho em Todo o Mundo:* tendências de jornada de trabalho, legislação e políticas numa perspectiva global. Secretaria Internacional do Trabalho. Brasília, OIT, 2009.

(47) Consolidação das Leis do Trabalho, art. 130, *caput*.

No que tange ao citado período concessivo das férias, passemos ao art. 134, da CLT que, por sua vez, completando o disposto no art. 130, afirma que:

"Art. 134. As férias serão concedidas por ato do empregador, em um só período, nos doze meses subsequentes à ata em que o empregado tiver adquirido o direito[48]".

O dispositivo supra nos traz algumas valiosas informações, sendo a primeira delas o fato de, por ato do empregador, ocorre a concessão das férias.

Isto significa dizer que, em regra, quem escolhe o período do ano em que o funcionário irá tirar férias é o empregador e sua concessão deve ser feita em um só período, ou seja, trinta dias corridos, sem interrupções, de acordo com a necessidade/possibilidade da empresa contratante.

Entretanto, os Parágrafos Primeiro e Segundo deste mesmo artigo nos traz as exceções à regra, quais sejam, a possibilidade de divisão das férias em dois períodos distintos, desde que um deles não seja inferior a dez dias corridos e o funcionário não seja menor de idade ou maior de cinquenta anos.

O período de férias, assim como vários outros, também foi alvo de mudança pela reforma trabalhista que, a partir de agora, será mais flexível, conforme veremos.

Se antes o funcionário só podia dividir suas férias em dois períodos distintos e mediante a obediência das outras regras dispostas na CLT, agora, após a reforma trabalhista, a flexibilidade deste direito será maior, pois de acordo com novo texto do Parágrafo Primeiro do art. 134, as férias poderão ser divididas em até três períodos.

A nova redação do Parágrafo Primeiro do art. 134 nos afirma que:

"§1º Desde que haja concordância do empregado, as férias poderão ser usufruídas em até três períodos, sendo que um deles não poderá ser inferior a quatorze dias corridos e os demais não poderão ser inferior a cinco dias corridos, cada um[49]".

Além disso, criou-se, também, o Parágrafo terceiro deste artigo, que veda o início de qualquer destes períodos de férias em até dois dias antes do início de um feriado ou dia de repouso semanal remunerado[50].

Ou seja, em outras palavras, este último parágrafo veda que o funcionário inicie o gozo das suas férias na véspera de um feriado ou final de semana, por exemplo, pois comportamento contrário acabaria acarretando em prejuízo direto ao tempo de férias do obreiro.

Espera-se, com essa modificação, que as negociações sobre as férias dos funcionários sejam realizadas com maior proximidade à real necessidade do obreiro e, também, da empresa, que, em regra, não mais precisará ficar sem a colaboração de um funcionário por trinta dias seguidos.

---

(48) Consolidação das Leis do Trabalho, art. 134, *caput*.
(49) Lei n. 13.467, de 13 de julho de 2017, art. 134, § 1º.
(50) Lei n. 13.467, de 13 de julho de 2017, art. 134, § 3º.

9.4 DA JORNADA DE TRABALHO

No que tange à jornada de trabalho do funcionário, a Lei n. 13.467, de 13 de julho de 2017, também trouxe mudanças significativas que serão diretamente sentidas no dia a dia dos trabalhadores.

Uma dessas mudanças, por exemplo, é o limite máximo de jornada permitido pela Constituição Federal que, antes da reforma, era de, no máximo, oito horas por dia com acréscimo permitido de até duas horas extraordinárias de trabalho, perfazendo o montante total de 10 (dez) horas de trabalho em um dia.

O citado direito ao limite de oito horas diárias de trabalho encontra-se expressamente disposto no inciso XIII, do art. 7º, da Constituição Federal, que aduz:

"Art. 7º São direitos dos trabalhadores urbanos e rurais, além de outros que visem à melhoria da sua condição social:

(...)

XIII — duração do trabalho normal não superior a oito horas diárias e quarenta e quatro semanais, facultada a compensação de horários e a redução da jornada, mediante acordo ou convenção coletiva de trabalho[51]".

Exceção à essa regra era, então, o trabalho na jornada de 12x36, ou seja, doze horas de trabalho intercalada por trina e seis horas de descanso, cuja aplicação se dava apenas a algumas categorias profissionais específicas, como enfermeiros, porteiros, seguranças e cuidadores de idosos, por exemplo.

Agora, em que pese o limite máximo de jornada diária encontrar-se previsto na Carga Magna Brasileira, assim como ocorre em outros pontos já discutidos, a nova redação dada pela reforma trabalhista traz ao tema novas regras, inclusive contrárias àquelas dispostas na Lei Maior.

Segundo o art. 59-A da Lei em estudo:

"... é facultado às partes, mediante acordo individual escrito, convenção coletiva ou acordo coletivo de trabalho, estabelecer horário de trabalho de doze horas seguidas por trinta e seis horas ininterruptas de descanso, observados ou indenizados os intervalos para repouso e alimentação[52]".

Permite-se, então, a partir da vigência da nova legislação obreira que se aplique para qualquer trabalhador a jornada de 12x36 que, como dito, se resume em doze horas de trabalho intercalado por trinta e seis horas de descanso ininterrupto.

Entretanto, conforme o próprio texto da lei nos diz, para que tal jornada seja aplicável ao trabalhador, necessário se faz a existência de um acordo individual escrito, uma convenção coletiva ou acordo coletivo de trabalho, o que pressupõe, em tese, a aceitação do funcionário.

---

(51) Consolidação das Leis do Trabalho, art. 7º, XIII.
(52) Lei n. 13.467, de 13 de julho de 2017, art. 59-A.

Ainda, em relação ao tema, muito se discute sobre o aumento do número de horas semanais trabalhadas, ultrapassando a regra das 44h/semana.

No entanto, diferentemente de como se pode pensar, em tese, não haverá aumento na jornada semanal de trabalho do obreiro, pois o limite máximo de horas semanais fica mantido, mudando-se somente a forma da sua prestação.

Em outras palavras, *exempli gratia*, o trabalhador continuará prestando 44 (quarenta e quatro) horas de trabalho por semana, mas em uma escala distinta daquela com a qual já se acostumou, pois segundo a jornada de 12x36, um obreiro que trabalha na segunda-feira das 7 horas às 19 horas, por exemplo, ele só voltará a trabalhar na quarta-feira, no mesmo horário e, posteriormente, na sexta-feira.

9.4.1 Das horas in itinere

A hora *in itinere*, conforme já explorado anteriormente, foi uma das modificações evolutivas da Consolidação das Leis do Trabalho no tempo, pois foi criada pela jurisprudência após sua primeira versão em 1943.

Entretanto, seu pagamento sempre foi ponto polêmico no âmbito empresarial, pois tal responsabilidade acabava sendo um desestímulo à concessão, pelo empregador, de transporte para seus funcionários, já que era vinculado a tal.

Como consequência disso tudo, muitas empresas que se encontram sediadas em locais de difícil acesso e sem o transporte público regular, vem, cada vez mais, deixando de conceder aos seus funcionários a facilidade de um transporte particular mais rápido e seguro aos seus funcionários, tendo em vista o alto custo e responsabilidade gerada com a atitude.

Efeito disso acaba sendo o desconforto e a precarização da qualidade do trabalho, pois os funcionários passam a ter que se virar para chegar às empresas, muitas vezes, por simples falta de opção, utilizando-se de transportes inseguros e irregulares, inclusive.

Justamente por tais razões, o tempo gasto para se chegar ao trabalho ou de volta para casa deixou de ser contado como horas de trabalho (horas *in itinere*), mesmo que o transporte seja fornecido pela empresa.

No corpo dessa nova legislação, vê-se que o Parágrafo Segundo do art. 58 aduz que, *verbis*:

> "Art. 58. A duração normal do trabalho, para os empregados em qualquer atividade privada, não excederá de oito horas diárias, desde que não seja fixado expressamente outro limite.
> (...)
> § 2º O tempo despendido pelo empregado desde a sua residência até a efetiva ocupação do posto de trabalho e para o seu retorno, caminhando ou por qualquer meio de transporte, inclusive o fornecido pelo empregador, não será computado na jornada de trabalho, por não ser tempo à disposição do empregador[53]".

---

(53) Lei n. 13.467, de 13 de julho de 2017, art. 58, § 2º.

O intuito maior desta alteração, então, é de que, retirando-se do empregador a obrigação do pagamento de horas *in itinere*, ele passe a fornecer transporte aos seus funcionários sem se preocupar com maiores custos e/ou responsabilidades por isso, o que também melhorará a qualidade do trabalho do obreiro, pois passará a usufruir de um transporte melhor, mais confortável, rápido e seguro.

9.4.2 Do banco de horas

Ainda no que tange às mudanças relacionadas à jornada de trabalho do obreiro, o banco de horas também sofreu alterações que merecem destaque.

Criado como uma ferramenta transformadora das horas extraordinárias de trabalho em descanso para o funcionário, o banco de horas, também chamado de acordo de compensação de jornada de trabalho, só poderia ser implantado mediante negociação coletiva com o sindicato da respectiva classe trabalhadora.

Sobre o assunto, dizia o art. 59, § 2º, da Consolidação das Leis do Trabalho que, *verbis*:

"Art. 59. A duração normal do trabalho poderá ser acrescida de horas suplementares, em número não excedente de duas, mediante acordo escrito entre empregado e empregador ou mediante contrato coletivo de trabalho.
(...)
§ 2º Poderá ser dispensado o acréscimo de salário se, por forma de acordo ou convenção coletiva de trabalho, o excesso de horas em um dia for compensado em outro dia, de maneira que não exceda, no período máximo de um ano, à soma das jornadas semanais de trabalho previstas, nem seja ultrapassado o limite máximo de dez horas diárias[54]".

Vê-se, então, que a participação do sindicato da categoria era um requisito necessário à validação e implementação do banco de horas em uma empresa.

Agora, com a reforma trabalhista e, consequentemente, em razão da criação dos §§ 5º e 6º do citado art. 59, o acordo de compensação de jornada de trabalho poderá ser feito diretamente por acordo escrito entre empregado e empregador, ou seja, de forma individual, mais simples e menos burocrática, sem a intervenção do sindicato da categoria e de acordo com a realidade particular de cada caso.

Os novos parágrafos em destaque passaram a dizer que:

"§ 5º O banco de horas de que trata o § 2º deste artigo poderá ser pactuado por acordo individual escrito, desde que a compensação ocorra no período máximo de seis meses.
§ 6º É lícito o regime de compensação de jornada estabelecido por acordo individual, tácito ou escrito, para compensação no mesmo mês[55]".

Como pode ser visto, mantém-se válido o banco de horas firmado mediante contrato coletivo de trabalho para compensação em até um ano. Em relação a isso, nada muda.

---

(54) Consolidação das Leis do Trabalho, art. 49, § 2º
(55) Lei n. 13.467, de 13 de julho de 2017, art. 59, §§ 5º e 6º.

A novidade é que se criou a possibilidade de as partes ajustarem diretamente uma compensação em menor tempo, de no máximo seis meses e sem a necessária intervenção do sindicato.

Com isso, espera-se uma adesão maior das empresas em adotar o regime de banco de horas e, também, espera-se que os funcionários possam compensar as horas extraordinárias de trabalho de uma forma mais rápida, para que não haja risco da obrigação de pagamento destas horas em dinheiro.

9.4.3 Do intervalo intrajornada

Outra alteração relacionada diretamente à jornada de trabalho dos funcionários é a que diz respeito às horas extras do intervalo intrajornada quando não concedido corretamente.

Explicando este ponto, sabe-se que, dependendo da jornada de trabalho, deverá haver um intervalo intrajornada para descanso e alimentação que, por sua vez, varia de quinze minutos a duas horas.

Sobre o assunto, nos diz o art. 71, da Consolidação das Leis do Trabalho que:

"Art. 71. Em qualquer trabalho contínuo, cuja duração exceda de seis horas, é obrigatória a concessão de um intervalo para repouso ou alimentação, o que será, no mínimo, e uma hora e, salvo acordo escrito ou contrato coletivo em contrário, não poderá exceder de duas horas.

§ 1º Não excedendo de seis horas o trabalho, será, entretanto, obrigatório um intervalo de quinze minutos quando a duração ultrapassar quatro horas[56]".

Com a reforma, em razão da criação do art. 611-A, inciso III, viu-se a possibilidade de redução do intervalo intrajornada de uma hora para, no mínimo, 30 minutos para as jornadas superiores a seis horas, desde que feito mediante convenção ou acordo coletivo de trabalho.

Além disso, ainda no que diz respeito ao intervalo intrajornada, antes da reforma, caso o empregador não concedesse corretamente o intervalo ao funcionário, haveria a obrigação de pagar tal intervalo como se hora extra fosse, mesmo que a não concessão ocorresse de forma parcial.

Ou seja, se um empregado retirasse apenas 15 minutos de intervalo intrajornada ao invés de uma hora que teria direito, o empregador lhe teria que pagar essa uma hora completa no valor de uma hora extraordinária, pois a Súmula n. 437, I do Tribunal Superior do Trabalho assim dizia:

"Súmula 437, I. Após a edição da Lei n. 8.923/94, a não-concessão ou a concessão do intervalo intrajornada mínimo, para repouso e alimentação, a empregados urbanos e rurais, implica o pagamento total do período correspondente, e não apenas daquele suprimido[57]".

---

(56) Consolidação das Leis do Trabalho, art. 71, § 1º.
(57) Súmula n. 437, I, do Tribunal Superior do Trabalho, SBDI-1, divulgado em 27.9.2012.

Agora, com a citada alteração, uma vez não concedido ao trabalhador o intervalo intrajornada correto, o empregador terá que pagá-lo como horas extras, mas somente em relação ao tempo suprimido e não mais em relação ao período completo do descanso.

Parece-nos justa tal alteração, pois se não houve supressão total do intervalo intrajornada para descanso e alimentação do obreiro, não há que se falar em pagamento integral do mesmo.

9.4.4 Do trabalho em regime parcial

Seguindo as alterações advindas da reforma trabalhista, o trabalho em regime parcial é aquele cuja duração semanal não exceda vinte e cinco horas de trabalho sem a possibilidade de realização de horas extras, inclusive.

O salário do trabalhador contratado por regime parcial de trabalho é pago de forma proporcional à jornada semanal dos que cumprem a mesma função em período integral, ou seja, oito horas diárias e quarenta e quatro semanais.

Com as alterações advindas da reforma trabalhista, a modalidade de contratação por regime parcial passa a admitir, então, duas formas distintas de contrato.

A primeira delas é a de até trinta horas semanais, sendo vedada a prestação de serviço em horário extraordinário e a segunda, por sua vez, permite contratos de até vinte e seis horas e a realização de até seis horas extras semanais, cuja compensação deve ser feita até a semana seguinte, sob pena de pagamento da hora de trabalho extraordinário com acréscimo de 50% mínimo.

Demonstrando tais alterações, o novo art. 58-A, da Consolidação das Leis do Trabalho aduz que:

"Art. 58-A. Considera-se trabalho em regime de tempo parcial aquele cuja duração não exceda a trinta horas semanais, sem a possibilidade de horas suplementares semanais, ou, ainda, aquele cuja duração não exceda a vinte e seis horas semanais, com a possibilidade de acréscimo de até seis horas suplementares semanais[58]".

Como se pode ver, a ideia fundamental da contratação por regime parcial permanece mantida, qual seja, a contratação de um trabalhador por período reduzido de horas semanais em relação ao contrato de trabalho comum de oito horas diárias e quarenta e quatro semanais, mas desta vez com outras opções.

As alterações deste ponto não param por aqui, pois também se refletem nas férias do obreiro que, com a reforma, poderão ser gozadas nos mesmos moldes do art. 130, da CLT, ou seja, de acordo com a regra geral, conforme se vê com o 7º do citado art. 58-A que aduz que *"as férias do regime de tempo parcial serão regidas pelo disposto no art. 130, desta Consolidação*[59]".

---

(58) Lei n. 13.467, de 13 de julho de 2017, art. 58-A.
(59) Lei n. 13.467, de 13 de julho de 2017, art. 58-A, § 7º.

Assim, mediante a revogação do referido ponto da Consolidação das Leis do Trabalho, buscou-se uma maior flexibilização das jornadas de trabalho, o que possibilitaria, em tese, a aplicação desta forma de contratação por diversos outros ramos de trabalho, além de fornecer ao funcionário um período de férias maior e a opção de conversão de um terço das suas férias em abono pecuniário.

9.4.5 Do tempo à disposição

Finalizando as mudanças referentes à jornada do obreiro, no art. 4º, § 2º, da CLT, vemos outra variação significativa, dessa vez sobre o tempo que o empregado permanece à disposição do empregador para cômputo da sua jornada de trabalho diário.

Na Consolidação das Leis do Trabalho anterior à reforma, o tempo de serviço era considerado pelo período em que o empregado ficava à disposição da empresa, mesmo que ele não estivesse, necessariamente, trabalhando, como nos períodos de lanche, higiene pessoal e troca de uniforme nas dependências da empresa, por exemplo.

Sobre o assunto, o artigo falava que:

"Art. 4º Considera-se como de serviço efetivo o tempo em que o empregado esteja à disposição do empregador, aguardando ou executando ordens, salvo disposição especial expressamente consignada.

Parágrafo Único — Computar-se-ão, na contagem de tempo de serviço, para efeito de indenização e estabilidade, os períodos em que o empregado estiver afastado do trabalho prestando serviço militar e por motivo de acidente do trabalho[60]".

Após a alteração celetista, foi substituído o parágrafo único pelo parágrafo primeiro e, também, criado um parágrafo segundo com oito incisos, cujo objetivo é o de listar diversas situações que, a partir de agora, não mais serão consideradas como tempo à disposição do empregador.

A nova redação do art. 4º, juntamente com seus novos parágrafos e respectivos incisos ficou narrado que:

"Art. 4º Considera-se como de serviço efetivo o tempo em que o empregado esteja à disposição do empregador, aguardando ou executando ordens, salvo disposição especial expressamente consignada.

§ 1º Computar-se-ão, na contagem de tempo de serviço, para efeito de indenização e estabilidade, os períodos em que o empregado estiver afastado do trabalho prestando serviço militar e por motivo de acidente do trabalho;

§ 2º Por não se considerar tempo à disposição do empregador, não será computado como período extraordinário o que exceder a jornada normal, ainda que ultrapasse o limite de cinco minutos previsto no § 1º, do art. 58 desta Consolidação, quando o empregado, por escolha própria, buscar proteção pessoal em caso de insegurança nas vias públicas ou

---

(60) Consolidação das Leis do Trabalho, art. 4º, *caput*.

más condições climáticas, bem como adentrar ou permanecer nas dependências da empresa para exercer atividades particulares, entre outras:

I — práticas religiosas;

II — descansos;

III — lazer;

IV — estudo;

V — alimentação;

VI — atividades de relacionamento social;

VII — higiene pessoal;

VIII — troca de roupa ou uniforme, quando não houver obrigatoriedade de realizar a troca na empresa[61]".

A razão de tal criação, segundo a Federação do Comércio de São Paulo — FECOMÉRCIO/SP[62], seria a busca pelo equilíbrio entre o trabalho e o capital, deixando-se de onerar injustamente a empresa em razão de fatores de interesse pessoal do trabalhador ou fatores externos.

Como exemplo disso, a própria FECOMÉRCIO[63] traz casos de funcionários que, costumeiramente, permanecem na empresa após o término da sua jornada para aguardar melhora nas condições climáticas externas, alimentação ou até mesmo para estudar.

Tais fatos, quando levados à justiça, acabavam sendo julgados no sentido de existir responsabilidade do empregador ao pagamento de tais horas como se à disposição da empresa os funcionários estivessem.

Com o novo texto, porém, vê-se que, quando por escolha própria o trabalhador permanecer no seu ambiente de trabalho após o término da sua jornada, tal período não lhe dará direito ao cômputo de horas à disposição do empregador, o que aumentaria segurança jurídica neste ponto.

Entretanto, o texto em análise ainda deixa imprecisões, pois não abarca a possibilidade de o funcionário, por escolha própria, permanecer no trabalho em razão de um temporal, por exemplo, e continuar trabalhando enquanto espera a melhora climática.

Neste caso, é coerente remunerarmos o obreiro pelo tempo de trabalho após sua jornada, mesmo que o motivo pela permanência em horário extraordinário tenha sido o tempo, *exempli gratia*.

Outro ponto de importante destaque é o fato de os incisos V, VII e VIII do art. 4º da nova redação excluírem como tempo de serviço aquele gasto com lanche,

---

(61) Lei n. 13.467, de 13 de julho de 2017, art. 4º.
(62) Reforma trabalhista: como fica o tempo à disposição do empregador. FECOMÉRCIO/SP. Disponível em: <http://www.fecomercio.com.br/noticia/como-fica-o-tempo-a-disposicao-do-empregador>. Acesso em: 14 set. 2017.
(63) *Idem* 39

troca de uniforme e higiene pessoal, pois tais pontos são diretamente contrários à Súmula n. 366, do Colendo Tribunal Superior do Trabalho — TST.

A citada Súmula aduz que, *verbis*:

> "Súmula n. 366 do TST. CARTÃO DE PONTO. REGISTRO. HORAS EXTRAS. MINUTOS QUE ANTECEDEM E SUCEDEM A JORNADA DE TRABALHO. Não serão descontadas nem computadas como jornada extraordinária as variações de horário do registro de ponto não excedente de cinco minutos, observado o limite máximo de dez minutos diários. Se ultrapassado esse limite, será considerada como extra a totalidade do tempo que exceder a jornada normal, pois configurado tempo à disposição do empregador, não importando as atividades desenvolvidas pelo empregado ao longo do tempo residual (troca de uniforme, lanche e higiene pessoal)[64]".

Como visto, o novo texto elaborado por meio da reforma trabalhista vem de encontro às recentes e pacíficas decisões dos Tribunais Regionais do Trabalho e Tribunal Superior do Trabalho, haja vista que, para que houvesse Súmula editada neste sentido, necessário se fez com que houvesse, também, diversas decisões análogas e no mesmo caminho.

Concluindo, percebemos que não será tão duradoura a segurança jurídica que se buscou com esta alteração, principalmente em razão das dúvidas e lacunas que se possibilitou criar.

9.5 DO TRABALHO INTERMITENTE

Uma criação jurídica advinda da Lei n. 13.467/2017 (Lei da Reforma Trabalhista) foi a regulamentação do trabalho intermitente que, até então, existia apenas no mercado informal, sem qualquer previsão celetista sobre o tema.

Até esta alteração, a forma legalmente prevista de contrato de trabalho com o menor número de horas era o contrato por tempo parcial, que tinha o máximo de vinte e cinco horas semanais no texto primeiro que, por seu turno, também foi substituído após a reforma, conforme já vimos.

Agora, de acordo com o art. 443, § 3º, da Consolidação das Leis do Trabalho, fruto pela Reforma Trabalhista, tem-se a possibilidade de contratação de um funcionário por um período ainda menor, sem carga horária mínima semanal, mensal ou anual, inclusive.

A citada inovação nos traz o conceito de trabalho intermitente, *verbis*:

> "Art. 443. O contrato individual de trabalho poderá ser acordado tácita ou expressamente, verbalmente ou por escrito, por prazo determinado ou indeterminado, ou para prestação de trabalho intermitente.
> (...)
> § 3º Considera-se como intermitente o contrato de trabalho no qual a prestação de serviços, com subordinação, não é contínua, ocorrendo com alternância de períodos de prestação

---

[64] Súmula n. 366, do TST, Res. n. 197/2015, divulgado em 14, 15 e 18.5.2015.

de serviços e de inatividade, determinados em horas, dias ou meses, independentemente do tipo de atividade do empregado e do empregador, exceto para os aeronautas, regidos por legislação própria[65]".

Como pode ser visto, o novo § 3º, do art. 443, da CLT regulamenta a possibilidade de contratação de um funcionário para trabalhar, por exemplo, esporadicamente, pagando seu salário apenas pelo período em que efetivamente prestou seus serviços à empresa.

Em outros termos, o contrato de trabalhado na modalidade intermitente ocorre quando uma empresa contrata um funcionário para lhe prestar serviços dez, duas ou quarenta horas por mês, por exemplo, ficando este funcionário, após contratado, à disposição da empresa até ser convocado para o trabalho.

Segundo informações divulgadas pela própria Câmara dos Deputados[66], a convocação do empregador chamando o funcionário ao trabalho deverá se dar com, pelo menos, três dias corridos de antecedência, devendo o funcionário, por sua vez, confirmar tal aviso em até um dia útil.

Ainda, segundo informações da Câmara Notícias[67], após o labor, o funcionário deverá receber o pagamento imediato das parcelas referentes às férias, proporcionais das férias, remuneração, gratificação natalina proporcional, repouso semanal remunerado e os respectivos adicionais legais.

As regras supramencionadas encontram-se dispostas no art. 452-A, da Lei da Reforma Trabalhista, que assim aduz:

"Art. 451-A. O contrato de trabalho intermitente deve ser escrito e deve conter especificamente o valor da hora de trabalho, que não pode ser inferior ao valor horário do salário mínimo ou àquele devido aos demais empregados do estabelecimento que exerçam a mesma função em contrato intermitente, ou não.

§ 1º O empregador convocará, por qualquer meio de comunicação eficaz, para a prestação dos serviços, informando qual será a jornada, com, pelo menos, três dias corridos de antecedência.

§ 2º Recebida a convocação, o empregado terá o prazo de um dia útil para responder ao chamado, presumindo-se, no silêncio, a recusa.

§ 3º a recusa da oferta não descaracteriza a subordinação para fins do contrato de trabalho intermitente.

§ 4º Aceita a oferta para o comparecimento ao trabalho, a parte que descumprir, sem justo motivo, pagará à outra parte, no prazo de trinta dias, multa de 50% (cinquenta por cento), da remuneração que seria devida, permitida a compensação em igual prazo.

§ 5º O período de inatividade não será considerado tempo à disposição do empregador, podendo o trabalhador prestar serviços a outros contratantes.

---

(65) Lei n. 13.467, de 13 de julho de 2017, art. 443, § 3º.
(66) Reforma Trabalhista Regulamenta o Trabalho Intermitente, Câmara Notícias — Trabalho e Previdência. Disponível em: <http://www2.camara.leg.br/camaranoticias/noticias/TRABALHO-E-PREVIDENCIA/531608-REFORMA-TRABALHISTA-REGULAMENTA-O-TRABALHO-INTERMITENTE.html>. Acesso em: 19 set. 2017.
(67) *Idem* 59.

§ 6º Ao final de cada período de prestação de serviço, o empregado receberá o pagamento imediato das seguintes parcelas:

I — remuneração;

II — férias proporcionais com acréscimo de um terço;

III — décimo terceiro salário proporcional;

IV — repouso semanal remunerado;

V — adicionais legais[68]".

Tais fatos nos fazem perceber, como a própria norma diz, que o contrato de trabalho intermitente deve, obrigatoriamente, conter o valor da hora de serviço que, por seu turno, não poderá ser inferior à proporção da hora de trabalho remunerado por um salário mínimo, tampouco inferior à hora de trabalho paga a outros funcionários que prestem a mesma função.

As férias do empregado por contrato intermitente também foram abordadas pela legislação, que no Parágrafo Nono do art. 451-A afirma que, para cada período de dozes meses de trabalho, o empregado adquire o direito a usufruir de um período de trinta dias de férias nos doze meses subsequentes, não podendo, neste período de férias, ser convocado pelo seu empregador.

Deste ponto, brota um detalhe importante e evidente, qual seja: se o trabalhador recebe o proporcional das férias sempre ao final da prestação de serviço, tal fato significa dizer que não haverá pagamento de férias quando o obreiro for gozá-las, mas somente período em que o trabalhador não será chamado a trabalhar.

Vê-se, por outro lado, que inexistem algumas outras informações importantes na norma como, por exemplo, o número de vezes que o empregado pode recusar o convite ao trabalho para que não se caracterize a insubordinação ou a rescisão contratual e, também, quais seriam os citados meios eficazes de comunicação utilizados para o convite, por exemplo.

Outro ponto que também não foi abordado pela reforma é a penalidade que seria aplicada ao empregador para o caso de convite de trabalho a um funcionário e, sem justo motivo, futura recusa ou alegação de desnecessidade da prestação de serviço pelo trabalhador. Ora, se o trabalhador deverá pagar multa ao empregador caso aceite o trabalho e não o assuma na hora e data acordada, por que o empregador não pagaria tal multa nesta mesma situação?

Existem, além das supracitadas, grandes críticas à criação do trabalho intermitente, principalmente em razão do formato com qual inovação ocorreu como, por exemplo, uma ferramenta utilizada para formalização do "bico".

Neste sentido, então, se pronunciou a Associação dos Magistrados da Justiça do Trabalho — ANAMATRA, dizendo que:

"Nesta modalidade de contrato de trabalho, o trabalhador só trabalha e recebe remuneração quando chamado pela empresa, não havendo garantia de jornada mínima. Assim, ao

---

(68) Lei n. 13.467, de 13 de julho de 2017, art. 451-A.

contrário do que ocorre no sistema vigente, em que o tempo à disposição da empresa é pago ao trabalhador, o trabalhador poderá trabalhar algumas horas em uma semana, um mês, em um ano, fazendo jus apenas às horas efetivamente trabalhadas. Dessa forma, poderá nada receber ou auferir remuneração inferior ao salário mínimo, em flagrante ofensa ao disposto no art. 7º, inciso IV, da Constituição Federal, segundo o qual trabalhadores rurais e urbanos tem direito ao salário mínimo fixado em lei, nacionalmente unificado, que deve ser suficiente para atender as necessidades vitais básicas do trabalhador e de sua família[69]".

A grande problemática vista aqui pela ANAMATRA e as demais contribuintes da Nota Técnica é justamente a imprecisão de período e salário mínimo a receber, o que traria grande insegurança ao trabalhador, que ficaria à disposição da empresa sem saber quando irá trabalhar ou quanto irá receber no mês.

Preliminarmente, especula-se que a categoria mais atingida por essa mudança seja a de garçons, cozinheiros e vendedores, por exemplo, que deixariam sua certa estabilidade salarial e sua jornada para serem contratados apenas quando as empresas precisassem ou em horários de pico, o que também deixaria a hora de trabalho muito mais barata ao empregador e mais prejudicial ao obreiro.

Ainda, sobre o assunto e a Nota Técnica Conjunta apresentada ao Senado Federal pela Associação Nacional dos Procuradores do Trabalho — ANPT, Associação Nacional dos Magistrados da Justiça do Trabalho — ANAMATRA, Sindicato Nacional dos Auditores Fiscais do Trabalho, SINAIT, Associação Latino-Americana de Advogados Laboralistas — ALA a Associação Luso-brasileira de Juristas do Trabalho — JUTRA, e a Associação Latino-americana de Juízes do Trabalho — ALJT, sua fundamentação contrária à criação do trabalho intermitente aduz que, *litteris*:

> "A prestação do trabalho intermitente iguala o trabalhador a uma máquina, que é ligada e desligada conforme a demanda. Além de transferir o risco da atividade para o trabalhador, o trabalho intermitente indiscriminado, porque independe do tipo de atividade do empregado e do empregador, ofende frontalmente o art. 1º, da Constituição Federal, que em seu inciso IV estabelece como fundamento do Estado Democrático de Direito o valor social do trabalho. Também o princípio da valorização do trabalho humano, em que se funda a ordem econômica, resta violado no texto do art. 170, da Constituição Federal.
>
> E tornando esse tipo de relação de trabalho ainda mais precária, impõe-se ao trabalhador o pagamento de multa de 50% (cinquenta por cento) da remuneração que seria devida, caso, depois de aceita a oferta para o comparecimento ao trabalho, não possa trabalhar.
>
> Trata-se, em verdade, da 'formalização' e institucionalização do popularmente conhecido como 'bico' ou 'biscate'. As empresas eliminam o custo com o contrato de trabalho formal, digno, lançando mão da força de trabalho dos muitos trabalhadores que terão à disposição somente quando houver demanda para tanto. Tal medida visa, certamente, baratear os custos das empresas, o que seria legítimo não fosse fundada na retirada de direitos e precarização das relações de emprego. A jornada intermitente contraria, portanto, tudo o que o direito do trabalho preconiza, negando a própria razão de existir deste[70]".

---

(69) Nota Técnica Conjunta ao PLC 38.2017 — Reforma Trabalhista. Disponível em: <https://www.anamatra.org.br/imprensa/noticias/25376-reforma-trabalhista-associacoes-divulgam-nota-tecnica-sobre-o-plc-38-17>. Acesso em: 19 set. 2017.
(70) *Idem* 61.

Percebe-se, aqui, uma forte crítica à regulamentação do trabalho intermitente, pelo menos da forma como foi feita, pois em total parcialidade e inclinação à proteção dos interesses empresariais em detrimento dos trabalhadores, fato com o qual o Direito do Trabalho não pode coadunar.

9.6 DO TELETRABALHO

Assim como ocorrido no caso do contrato de trabalho intermitente, o teletrabalho também foi criação da Lei n. 13.467/2017, pois até então não havia previsão legal desta forma de trabalho na CLT.

Teletrabalho, em sua origem, mesmo que imprecisa, tem suas primeiras ocorrências em meados de 1857, quando J. Edgard Thompson teria descoberto que poderia utilizar o sistema privado de telégrafo da sua empresa como gerenciador das divisões distantes[71].

A Organização Internacional do Trabalho — OIT, por seu turno, conceitua o teletrabalho como sendo aquele labor executado mediante o uso de tecnologias em um local distante do escritório central, não tendo o trabalhador nenhum contato físico e pessoal com os demais colegas de trabalho[72].

Como pode ser visto, a ideia de teletrabalho já existia no mercado há muito tempo, inclusive no Brasil, mesmo que ainda não houvesse qualquer previsão legal de sua validade, pois, assim como ocorre em muitos tópicos de cunho evolutivo da legislação em geral, a criação de novas formas de trabalho se dá, muitas vezes, no mercado informal.

Buscando acompanhar a evolução da sociedade, a elaboração do projeto de reforma trabalhista levou em consideração o dia a dia do que realmente acontece no mercado de trabalho para que se pudesse, então, analisar com mais assertividade os pontos e tópicos da legislação que estariam antiquados em relação à sociedade estudada.

A economia do obreiro de tempo e dinheiro, gasto para ir e voltar do trabalho, a economia da empresa com espaço físico e sua manutenção e a diminuição dos riscos de acidentes de percurso, também foram fundamentos utilizados para a regulamentação do teletrabalho, pois, em tese, este trabalhador sequer precisaria sair de casa para cumprir as demandas da empresa contratante.

Com isso, instituído pela lei da reforma trabalhista, o art. 75-A passa a considerar como teletrabalho como sendo, *verbis*:

> "Art. 75-A. Considera-se teletrabalho a prestação de serviços preponderantemente fora das dependências do empregador, com a utilização de tecnologias de informação e de comunicação que, por sua natureza, não se constituem como trabalho externo[73]".

---

(71) PINEL, M. Fátima de L. *Teletrabalhador*. Disponível em: <http://www.teletrabalhador.com/origem.htm>. Acesso em: 18 set. 2017.
(72) Convenção n. 17, de 1996, da OIT.
(73) Lei n. 13.467, de 13 de julho de 2017, art. 75-A, *caput*.

Segundo nos traz o citado artigo, não é qualquer trabalhador que labora fora das dependências da empresa que pode ser considerado teletrabalhador, pois os trabalhadores que prestam serviço sem um local fixo para exercerem suas atividades, não são considerados teletrabalhadores já que, para tanto, é necessário que o colaborador tenha um local determinado para o desempenho de suas funções, como sua própria casa, por exemplo.

Ainda, sobre o tema, para que o teletrabalho seja enquadrado como tal, é exigido o cumprimento de dois requisitos dispostos no artigo criado, quais sejam: o trabalho preponderantemente fora das dependências do empregador, e a prestação dos serviços mediante utilização de tecnologias de informação e de comunicação que, por sua própria natureza, não se constituam como trabalho externo.

Partindo-se, então, destas informações, o art. 75-D, da CLT pós-reforma, surgem algumas dúvidas, como por exemplo: como seria feito o controle da jornada de trabalho do obreiro? De quem seria a responsabilidade pelos gastos com os equipamentos essenciais ao trabalho desenvolvido em casa? Vejamos.

No que diz respeito aos custos do *home office*, ao analisar o art. 75-D, da CLT já se notavam comentários no sentido de que, com a redação dada à matéria, se estaria abrindo a possibilidade de fazer com que o empregador pudesse transferir ao seu empregado os custos da aquisição e manutenção do seu local de trabalho que, até então, eram de sua responsabilidade, como a energia elétrica, o mobiliário e os equipamentos eletrônicos da residência do trabalhador, por exemplo.

O artigo em referência afirma que, *verbis*:

"Art. 75-D. As disposições relativas às responsabilidades pela aquisição, manutenção ou fornecimento dos equipamentos tecnológicos e da infraestrutura necessária e adequada à prestação do trabalho remoto, bem como ao reembolso das despesas arcadas pelo empregado, serão previstas em contrato escrito[74]".

Conforme diz o artigo supra, o empregador poderia, por exemplo, estipular em contrato que as despesas referentes à compra e manutenção de todo material e ambiente necessário à prestação do serviço do funcionário poderia ser de responsabilidade do próprio obreiro.

No entanto, com uma análise mais profunda e pontual do mesmo dispositivo legal já citado, chega-se a uma conclusão antagônica.

Neste sentido, se recortarmos o texto apenas na parte que diz que "as disposições relativas ao reembolso de despesas arcadas pelo empregado, serão previstas em contrato escrito", poderemos concluir que, de forma obrigatória, as disposições relativas ao reembolso do funcionário deverão estar previstas no contrato escrito, ou seja, tais despesas deverão ser satisfeitas ao funcionário que as suportar.

Esclarecendo mais este ponto, o contrato escrito formado entre as partes da relação de emprego deverá prever, obrigatoriamente, quais serão as regras referentes à compra e manutenção dos equipamentos e ambiente de trabalho.

---

(74) Lei n. 13.467, de 13 de julho de 2017, art. 75-D, *caput*.

Sendo, todavia, tais despesas suportadas pelo obreiro, este mesmo contrato escrito deverá dizer qual será a forma e prazo de reembolso destes valores, sob pena de locupletamento ilícito do empregador.

Por outro lado, se as despesas forem suportadas pelo empregador, não haverá que se falar em qualquer tipo de reembolso, pois é dele a responsabilidade pelos riscos e ônus do negócio.

Agora, no que tange ao controle e limite máximo da jornada de trabalho, de acordo com o art. 75-D, da nova redação obreira, o teletrabalhador não se confunde com o trabalhador externo, razão pela qual as regras aplicadas a este não podem ser aplicadas àquele.

Além disso, o Capítulo II, da CLT, que trata especificamente da jornada de trabalho do obreiro, teve seu art. 62, III alterado, incluindo-se o teletrabalhador como um daqueles não abrangidos pelo regime do capítulo em estudo.

Ora, vê-se que o art. 62 aduz, *verbis*:

"Art. 62. Não são abrangidos pelo regime previsto neste capítulo:
(...)
III — os empregados em regime de teletrabalho[75]".

Ou seja, em outras palavras a inclusão supracitada nos afirma que os empregados contratados sob o regime de teletrabalho não serão abarcados pelo tópico celetista que trata da jornada de trabalho, ou, melhor dizendo, não terão mais controle de jornada, tampouco limite máximo de jornada diária de trabalho, podendo o empregador estabelecer apenas metas a serem cumpridas.

Estas metas, por seu turno, poderão ser estipuladas pelo empregador, independentemente da carga horária diária, semanal ou mensal necessária para seu cumprimento, não havendo que se falar em pagamento de horas extras ao obreiro.

9.7 DA EQUIPARAÇÃO SALARIAL

A equiparação salarial é o direito que o funcionário tem de receber o mesmo salário pago aos demais funcionários da mesma empresa que, por seu turno, desempenham as mesmas funções, tudo para se evitar quaisquer tipos de discriminação ou prejuízo injustificado a um deles.

A fundamentação deste direito decorre do princípio da isonomia, previsto no art. 7º, da Constituição Federal, que assegura uma igualdade ampla aos trabalhadores.

O art. 461, da Consolidação das Leis do Trabalho de 1943 previa que:

"Art. 461. Sendo idêntica a função, a todo trabalho de igual valor, prestado ao mesmo empregador, na mesma localidade, corresponderá igual salário, sem distinção de sexo, nacionalidade ou idade.

---

(75) Lei n. 13.467, de 13 de julho de 2017, art. 62, III.

§ 1º Trabalho de igual valor, para os fins deste Capítulo, será o que for feito com igual produtividade e com a mesma perfeição técnica, entre pessoas cuja diferença de tempo de serviço não for superior a dois anos.

§ 2º Os dispositivos deste artigo não prevalecerão quando o empregador tiver pessoal organizado em quadro de carreira, hipótese em que as promoções deverão obedecer aos critérios de antiguidade e merecimento.

§ 3º No caso do parágrafo anterior, as promoções deverão ser feitas alternadamente por merecimento e por antiguidade, dentro de cada categoria profissional.[76]".

Segundo a inteligência do artigo supra, via-se necessário o cumprimento de seis requisitos cumulativos que, somente se completamente satisfeitos, seriam capazes de se fazer reconhecer o direito do trabalhador à equiparação salarial.

O primeiro requisito disposto na norma era o da identidade funcional, ou seja, a função exercida pelo trabalhador que busca a equiparação salarial deveria ser a mesma exercida pelo paradigma, mesmo que tivessem nomenclaturas distintas de cargo.

O segundo e terceiro requisitos eram ligados ao fator produção, ou seja, ambos os trabalhadores deveriam ter uma produção quantitativa e qualitativamente equivalente, pois não se espera que um funcionário que produza menos ou com uma pior qualidade receba tanto quanto outro com qualidade e quantidade maior de produção.

O quarto requisito, por seu turno, era o da identidade de empregador. Ora, a empresa contratante do funcionário que busca a equiparação salarial deve ser a mesma que emprega o funcionário paradigma, pois, naturalmente, não se pode exigir salários idênticos para funcionários de empresas distintas.

O local de trabalho ocupa cinco dos seis requisitos necessários à equiparação salarial, necessitando que ambos os funcionários, tanto o paradigma quanto o equiparando trabalhem no mesmo município ou na mesma região metropolitana, pois, como se sabe, o salário pode, naturalmente, variar de acordo com a região e, por isso, não seria razoável exigir-se equiparação salarial entre funcionários de locais distintos.

Por fim, tem-se o tempo como o último dos requisitos, não havendo que se falar em equiparação salarial entre funcionário com diferença maior que dois anos na mesma função.

Este requisito tem como fundamento o fato de que o funcionário que trabalha naquela função a mais tempo, por conseguinte, deve ter uma experiência prática e domínio maior do trabalho, motivo pelo qual seria razoável seu salário ser superior ao do novato.

No entanto, conforme já dito, para que haja configuração do direito à equiparação salarial, é necessário o preenchimento, por completo, de todos os requisitos dispostos, pois cumulativos.

---

(76) Consolidação das Leis do Trabalho, art. 461, § 1º.

Com a nova redação dada pela reforma trabalhista, algumas mudanças surgiram neste tópico, conforme veremos.

Após a reforma, o art. 461, da CLT ficou com o seguinte texto:

"Art. 461. Sendo idêntica a função, a todo trabalho de igual valor, prestado ao mesmo empregador, no mesmo estabelecimento empresarial, corresponderá igual salário, sem distinção de sexo, etnia, nacionalidade ou idade.

§ 1º Trabalho de igual valor, para os fins deste Capítulo, será o que for feito com igual produtividade e com a mesma perfeição técnica, entre pessoas cuja diferença de tempo de serviço para o mesmo empregador não seja superior a quatro anos e a diferença de tempo na função não seja superior a dois anos.

§ 2º Os dispositivos deste artigo não prevalecerão quando o empregador tiver pessoal organizado em quadro de carreira ou adotar, por meio de norma interna da empresa ou de negociação coletiva, plano de cargos e salários, dispensada qualquer forma de homologação ou registro em órgão público.

§ 3º No caso do § 2º deste artigo, as promoções poderão ser feitas por merecimento e por antiguidade, ou por apenas um destes critérios, dentro de cada categoria profissional.

(...)

§ 5º A equiparação salarial só será possível entre empregados contemporâneos no cargo ou na função, ficando vedada a indicação de paradigmas remotos, ainda que o paradigma contemporâneo tenha obtivo a vantagem em ação judicial própria.

§ 6º No caso de comprovada discriminação por motivo de sexo ou etnia, o juízo determinará, além do pagamento das diferenças salariais devidas, multa em favor do empregado discriminado, no valor de 50% (cinquenta por cento) do limite máximo dos benefícios do Regime Geral de Previdência Social[77]".

Tal redação nos confirma a existência de grandes e significativas mudanças. A primeira mudança perceptível é a disposta no *caput* do art. 461, referente à identidade do empregador.

Segundo afirma este ponto, a previsão de "mesma localidade" passa a exigir, agora, o mesmo estabelecimento comercial.

Ou seja, ficou afastada a possibilidade de equiparação salarial entre funcionários pertencentes a empresas distintas, mesmo que integrantes de um grupo econômico ou funcionários que prestem serviços em localidades diferentes para o mesmo empregador, pois o *caput* em tela acrescentou ao texto a expressão "no mesmo estabelecimento".

Além disso, outra mudança significativa foi na diferença máxima do tempo de serviço na mesma função que, antes da reforma, não podia ser superior a dois anos.

Agora, após a alteração, além desta diferença do período de serviço na mesma função, o funcionário que busca a equiparação também deve ter uma diferença de serviço para o mesmo empregador de, no máximo, quatro anos.

---

(77) Lei n. 13.467, de 13 de julho de 2017, art. 461 e parágrafos.

Em outras palavras, buscando-se esclarecer este ponto que, por natureza, é de complexa demonstração, um funcionário, antes da reforma, só teria direito à equiparação salarial com outro funcionário paradigma se este paradigma não tivesse uma diferença superior a dois anos a mais naquela função em relação ao equiparando.

Atualmente, com a alteração ao artigo em estudo, além de o funcionário ter que comprovar que não existe aquela diferença no tempo de serviço na mesma função, o funcionário paradigma não pode ter uma diferença superior a quatro anos de trabalho para o mesmo empregador.

Como se viu aqui, o direito à isonomia previsto na Constituição Federal, agora ficou um pouco mais distante do obreiro, pois novas regras para o seu alcance foram criadas.

9.8 DA NATUREZA INDENIZATÓRIA DAS DIÁRIAS E ABONOS

No que diz respeito às diárias, prêmios e abonos, a reforma trabalhista originada pela Lei n. 13.467/2017 também trouxe mudanças expressivas, pois diretamente ligadas ao bolso do trabalhador.

Tido como um prejuízo ao obreiro, a reforma trabalhista alterou o § 1º, do 457, da Consolidação das Leis do Trabalho, reduzindo os componentes que formam a remuneração do trabalhador.

Antes da reforma, segundo o citado artigo, além da importância fixa estipulada, também integravam o salário os valores referentes às comissões, porcentagens, gratificações ajustadas, diárias para viagens e os abonos pagos pelo empregador.

O artigo em tela dizia, *verbis:*

"Art. 457. Compreendem-se na remuneração do empregado, para todos os efeitos legais, além do salário devido e pago diretamente pelo empregador, como contraprestação do serviço, as gorjetas que receber.

§ 1º integram o salário não só a importância fixa estipulada, como também as comissões, percentagens, gratificações ajustadas, diárias para viagens e abonos pagos pelo empregador[78]".

No entanto, com a reforma dada pela Lei n. 13.467/2017, foram reduzidos os componentes que integram o salário do obreiro, o que acarretará em uma consequente redução na base de cálculos dos encargos trabalhistas e previdenciários.

A nova redação dada ao art. 457, § 1º, como dito, passou a dizer que:

"Art. 457. Compreendem-se na remuneração do empregado, para todos os efeitos legais, além do salário devido e pago diretamente pelo empregador, como contraprestação do serviço, as gorjetas que receber.

§ 1º integram o salário a importância fixa estipulada, as gratificações legais e as comissões pagas pelo empregador[79]".

---

(78) Consolidação das Leis do Trabalho, art. 457, § 1º.
(79) Lei n. 13.467, de 13 de julho de 2017, art. 457, § 1º.

Como se pode ver, as diárias para viagens, os abonos e os prêmios deixaram de ter natureza salarial e, consequentemente, deixaram de fazer parte da remuneração do obreiro.

Justamente por não terem mais natureza salarial, tais valores não serão mais levados em consideração para o valor da base de cálculos dos direitos trabalhistas.

9.9 DA RESCISÃO DO CONTRATO DE TRABALHO

Além de modificações em pontos relacionados ao dia a dia do trabalhador na empresa, a reforma trabalhista também trouxe modificações que dizem respeito ao momento da rescisão do contrato de trabalho.

No que se refere, especificamente, ao momento de rescisão do contrato de trabalho firmado entre empregado e empregador, a Consolidação das Leis do Trabalho trazia algumas regras que deveriam ser seguidas.

A primeira delas diz respeito às formas de extinção do contrato de trabalho que, até então, eram somente quatro, ou seja: (i) quando o funcionário pedia demissão; (ii) quando ele era dispensado sem justa causa; (iii) quando ele cometia falta grave e, por isso, era dispensado por justo motivo ou, ainda; (iv) quando ele e a empresa cometiam falta grave, o que resultava na rescisão contratual por culpa recíproca.

A dispensa sem justa causa do empregado é prevista no *caput* do art. 477, que dizia, *litteris*:

"Art. 477. É assegurado a todo empregado, não existindo prazo estipulado para a terminação do respectivo contrato, e quando não haja ele dado motivo para a cessação das relações de trabalho, o direito de haver do empregador uma indenização, paga na base da maior remuneração que tenha percebido na mesma empresa.

§ 1º O pedido de demissão ou recibo de quitação de rescisão, do contrato de trabalho, firmado por empregado com mais de um ano de serviço, só será válido quando feito com a assistência do respectivo Sindicato ou perante a autoridade do Ministério do Trabalho e Previdência Social[80]".

A dispensa por justa causa, por seu turno, aquela baseada em uma falta grave, encontra-se prevista nos arts. 482 e 483 da CLT.

No citado art. 482, da Consolidação das Leis do Trabalho, vê-se o caso da dispensa por justa causa cometida pelo empregado, cujos motivos são, taxativamente:

"Art. 482. Constituem justa causa para rescisão do contrato de trabalho pelo empregador:
a) Ato de improbidade;
b) Incontinência de conduta ou mau procedimento;
c) Negociação habitual por conta própria ou alheia sem permissão do empregador, e quando constituir ato de concorrência à empresa para a qual trabalha o empregado, ou for prejudicial ao serviço;

---

[80] Consolidação das Leis do Trabalho, art. 477, *caput*.

d) Condenação criminal do empregado, passada em julgado, caso não tenha havido suspensão da execução da pena;

e) Desídia no desempenho das respectivas funções;

f) Embriaguez habitual ou em serviço;

g) Violação de segredo da empresa;

h) Ato de indisciplina ou de insubordinação;

i) Abandono de emprego;

j) Ato lesivo da honra ou da boa fama praticado no serviço contra qualquer pessoa, ou ofensas físicas, nas mesmas condições, salvo em caso de legítima defesa, própria ou de outrem;

k) Ato lesivo da honra ou da boa fama ou ofensas físicas praticadas contra o empregador e superiores hierárquicas, nas mesmas condições, salvo em caso de legítima defesa, própria ou de outrem;

l) Prática constante de jogos de azar[81]".

Como visto, é restritivo o rol de condutas relacionadas à falta grave ensejadora da demissão por justa causa. Entretanto, não é somente o empregador que pode cometer essas faltas graves, podendo-o, também, fazê-lo o empregador, conforme se vê no art. 483, que aduz:

"Art. 483. O empregado poderá considerar rescindido o contrato e pleitear a devida indenização quando:

a) Forem exigidos serviços superiores às suas forças, defesos por lei, contrários aos bons costumes ou alheios ao contrato;

b) For tratado pelo empregador ou por seus superiores hierárquicos com rigor excessivo;

c) Correr perigo manifesto de mal considerável;

d) Não cumprir o empregador as obrigações do contrato;

e) Praticar o empregador ou seus prepostos, contra ele ou pessoas de sua família, ato lesivo da honra e da boa fama;

f) O empregador ou seus prepostos ofenderem-no fisicamente, salvo em caso de legítima defesa, própria ou de outrem;

g) O empregador reduzir os seus trabalhos, sendo este por peça ou tarefa, de forma a afetar sensivelmente a importância dos salários[82]".

Então, seguindo as formas de rescisão contratual, o art. 484, da CLT nos traz a possibilidade, também, da rescisão por culpa recíproca, ou seja, aquela em que, tanto o obreiro quanto o empregador dão causa à rescisão, conforme se lê no artigo que aduz, *verbis*:

"Art. 484. Havendo culpa recíproca no ato que determinou a rescisão do contrato de trabalho, o tribunal de trabalho reduzirá a indenização à que seria devida em caso de culpa exclusiva do empregador, pela metade[83]".

---

(81) Consolidação das Leis do Trabalho, art. 482.
(82) Consolidação das Leis do Trabalho, art. 483.
(83) Consolidação das Leis do Trabalho, art. 484, *caput*.

Por fim, completando as quatro formas de extinção de uma relação de contrato de trabalho, tem-se o pedido de demissão, em que o trabalhador, sem justo motivo, escolhe rescindir seu contrato de trabalho, conforme prevê a inteligência do art. 487, também da CLT.

Assim pinceladas todas as possibilidades de extinção do contrato de trabalho inseridos na Consolidação das Leis do Trabalho de 1943, passemos a analisar, agora, as mudanças trazidas pela Lei n. 13.467/2017.

A primeira delas, portanto, além de manter as quatro formas já vistas de rescisão contratual, cria um novo formato de dispensa, na qual o empregado e o empregador podem entrar em um acordo e, assim, dar causa à rescisão por mútuo ajuste ou consensual.

Com a reforma, o artigo que traz essa inovação aduz que:

"Art. 484-A. O contrato de trabalho poderá ser extinto por acordo entre empregado e empregador, caso em que serão devidas as seguintes verbas trabalhistas:

I — por metade:

a) O aviso-prévio, se indenizado e;

b) A indenização sobre o saldo do Fundo de Garantia do Tempo de Serviço, prevista no § 1º, do art. 18 da Lei n. 8.036/90.

c) II — na integralidade, as demais verbas trabalhistas;

§ 1º A extinção do contrato prevista no *caput* deste artigo permite a movimentação da conta vinculada do trabalhador no Fundo de Garantia do Tempo de Serviço na fora do inciso I-A, do art. 2, da Lei 8.036/90, limitada até 80% (oitenta por cento) do valor dos depósitos;

§ 2º A extinção do contrato por acordo prevista no *caput* deste artigo não autoriza o ingresso no Programa de Seguro-Desemprego[84]".

Logo na primeira leitura, vê-se que, agora, é permitido que o trabalhador entre em acordo com o empregador e, assim, façam a rescisão consensual ou por mútua vontade.

Tal escolha, como visto, dará direito ao funcionário de receber somente metade da multa de 40% do FGTS, metade do aviso-prévio, se indenizado e a sacar parte do valor depositado na sua conta vinculada, abrindo mão, contudo, do direito ao seguro-desemprego.

A razão desta alteração, novamente, foi baseada na realidade vivida no mercado de trabalho, onde era comum deparar-se com acordos fraudulentos em que o funcionário era "demitido" pela empresa, mesmo tendo sido sua tal vontade e proposta.

No entanto, a criação desta oportunidade, em tese, abriria a possibilidade de o empregador "forçar" o empregado a aceitar este formato de rescisão contratual, haja vista que, assim, a monta a se pagar pela empresa ao obreiro seria bem menor.

---

(84) Lei n. 13.467, de 13 de julho de 2017, art. 484-A, *caput*.

Ainda em relação ao momento de rescisão do contrato de trabalho, a revogação dos Parágrafos Primeiro e Terceiro, do art. 477 da CLT acabaram, também, extinguindo a necessidade de homologação da rescisão pelo Sindicato da categoria.

Até a reforma, conforme o Parágrafo Primeiro do art. 477 da CLT, a rescisão dos contratos de trabalho superiores a um ano de serviço, só seria válida se houvesse a homologação do Sindicato da respectiva categoria.

O Parágrafo Terceiro, por sua vez, dizia que, se não houvesse Sindicato naquela localidade, tal homologação seria feita pelo Ministério Público, pelo Defensor Público ou, em uma última opção, por um juiz de paz.

É importante destacar que o motivo por traz da criação desta necessidade de homologação e acompanhamento sindical descrita acima, era o de garantir ao trabalhador, sempre que possível, a percepção correta e integral dos valores rescisórios.

Agora, com a revogação destes dois Parágrafos pela Lei da Reforma Trabalhista, sob o argumento de busca pela atenuação da burocracia, não há mais que se falar em tal necessidade.

Entretanto, a grande crítica, aqui, reside no fato de que, com a redução dessa "burocracia", chegou-se, como consequência, na diminuição da função assistencial que os Sindicatos cumpriam ao orientar e fiscalizar os empregados e empregadores no que tange aos valores que estavam sendo pagos e recebidos naquela rescisão.

Ademais, ainda sobre o momento do término da relação de trabalho, a alteração referente ao Parágrafo Sexto do art. 477 vinculou ao prazo para pagamento das verbas rescisórias o prazo para a entrega dos documentos e comprovações referentes à extinção do vínculo.

O citado parágrafo aduz:

> "§ 6º A entrega ao empregado de documentos que comprovem a comunicação da extinção contratual aos órgãos competentes, bem como o pagamento dos valores constantes do instrumento de rescisão ou recibo de quitação deverão ser efetuados até dez dias contados a partir do término do contrato[85]".

Por fim, a criação dos arts. 477-A e 477-B, da CLT, trouxeram novas regras, também em relação à demissão coletiva e ao Plano de Demissão Voluntária.

No que diz respeito à demissão em massa que antes deveria ser negociada com o Sindicato da categoria e com vinculação obrigatória a algum motivo econômico, agora, após o art. 477-A da reforma, não mais precisará da prévia negociação com o Sindicato, tampouco de vinculação a um motivo econômico, ficando a exclusiva vontade da empresa.

No ponto que se refere aos planos de demissão voluntária-PDV's, antes da reforma, alguns benefícios não pagos durante o PDV podiam ser questionados na Justiça e, agora, com a inclusão do art. 477-B, caso o funcionário ache que seus direitos não estão sendo completamente quitados, ele precisará questionar tal ponto

---

(85) Lei n. 13.467, de 13 de julho de 2017, art. 477, § 6º.

antes de aderir ao PDV, pois, caso contrário, nada poderá reclamar depois na Justiça, já que a assinatura do acordo dará quitação total no seu contrato de trabalho.

Este ponto, inclusive, foi alvo de críticas pela Associação dos Magistrados da Justiça do Trabalho da IV Região — ANAMATRA IV, no sentido de que tal alteração, da forma como feita, seria um grande retrocesso do Direito Trabalhista[86].

9.10 DA SOLUÇÃO DE CONFLITOS

Ainda, na linha das mudanças trazidas pela reforma trabalhista e com relação direta ao momento posterior à rescisão contratual, com a Lei n. 13.467/2017, pela primeira vez, a Consolidação das Leis do Trabalho passa, agora, a prever, expressamente, a arbitragem como uma das formas possíveis de solução de conflito entre empregados e empregadores.

Até sua inclusão na lei da reforma trabalhista, não havia qualquer previsão legal de solução de conflitos entre empregados e empregadores através da arbitragem e, agora, em razão da inserção do art. 507-A na Consolidação das Leis do Trabalho, tal possibilidade é inteiramente admissível.

O referido artigo aduz que:

> "Art. 507-A. Nos contratos individuais de trabalho cuja remuneração seja superior a duas vezes o limite máximo estabelecido para os benefícios do Regime Geral de Previdência Social, poderá ser pactuada cláusula compromissória de arbitragem, desde que por iniciativa do empregado ou mediante a sua concordância expressa, nos termos previstos na Lei n. 9.307, de 23 de setembro de 1996[87]".

Sendo, então, expressamente possível a utilização da arbitragem como forma de solução de conflitos relacionados ao vínculo empregatício, torna-se importante, por conseguinte, o esclarecimento do conceito de arbitragem.

Criado pela Lei n. 9.307, de 23 de setembro de 1996, a arbitragem é uma ferramenta alternativa utilizada para solução de conflitos sem a necessária intervenção do Poder Judiciário.

Neste mesmo sentido, inclusive, leciona Carlos Alberto Carmona, dizendo que, *verbis*:

> "A arbitragem é um meio alternativo de solução de controvérsias através da intervenção de uma ou de mais pessoas que recebem seus poderes de uma convenção privada — decorrente do princípio da autonomia da conta das partes — decorrente do princípio da autonomia da conta das partes — para exercer sua função, decidindo com base em tal convenção, sem

---

(86) Nota Técnica Conjunta ao PLC n. 38/2017. Associação Nacional dos Magistrados da Justiça do Trabalho — ANAMATRA. Disponível em: <https://www.anamatra.org.br/imprensa/noticias/25376-reforma-trabalhista-associacoes-divulgam-nota-tecnica-sobre-o-plc-38-17>. Publicado em: 4 jun. 2017.
(87) Lei n. 13.467/2017, art. 507-A, *caput*.

intervenção estatal, tendo a decisão idêntica eficácia de sentença proferida pelo Poder Judiciário[88]".

Completando o conceito anterior, Irineu Strenger[89] afirma que a arbitragem seria, então, uma forma de instância jurisdicional prática, cujo funcionamento se daria em razão de um contrato estabelecido entre as partes com o objetivo específico de resolver algum eventual conflito existente entre as partes contratantes, inclusive com força executória perante os Tribunais.

Esclarecido o conceito e utilização da arbitragem, o citado art. 507-A, da CLT estabelece os casos específicos em que tal ferramenta de solução de conflitos poderá ser usada nas lides trabalhistas, conforme veremos.

Diferentemente de como se possa pensar, não é qualquer problemática relacionada ao contrato de trabalho que poderá ser resolvido por meio da arbitragem, pois a CLT impõe algumas regras para isso, estabelecendo, por exemplo, que somente aqueles funcionários que expressamente concordarem com a cláusula compromissória.

Além disso, não sendo bastante o fato de o funcionário ter que concordar de forma expressa com tal cláusula, segundo a Consolidação das Leis do Trabalho, também é necessário que, para tanto, o funcionário receba um salário superior a duas vezes o limite máximo estabelecido para os Benefícios do Regime Geral de Previdência Social.

Neste ponto, uma dúvida comum que surge é o porquê da estipulação expressa do tal piso salarial para que a lide possa ser resolvida pela arbitragem.

Ora, o motivo é simples, pois presume-se que o funcionário que receba mais de R$ 11.000,00 (onze mil reais), por exemplo, tenha um desequilíbrio de forças menor em relação ao seu empregador, podendo, portanto, optar conscientemente pela arbitragem e, ainda, discutir a questão de forma mais contrapesada.

A grande preocupação deste ponto é que o funcionário, de alguma forma, seja induzido a aceitar tal ferramenta de solução de conflitos sem o real entendimento da situação, o que poderia lhe causar prejuízos quando da tentativa de resolução de alguma desavença com seu empregador.

De qualquer forma, a mudança também traz pontos positivos, haja vista o fato de que os processo trabalhistas versam sobre verba alimentar e, por isso, essencial ao homem para sua própria manutenção.

Lembrando deste fato, percebemos a probabilidade positiva desta alteração, já que a ferramenta da arbitragem, em regra, é muito mais célere na solução de conflitos se comparada ao Poder Judiciário, que muitas vezes demora anos para fazer com que o empregador pague ao seu ex-colaborador o que lhe é de direito,

---

(88) CARMONA, Carlos Alberto. *A Arbitragem e Processo:* um comentário a Lei n. 9.037/96. São Paulo: Malheiros.

(89) STRENGER, Irineu. *Contratos Internacionais de Comércio.* São Paulo: Revista dos Tribunais, 1986.

afastando-o, por um longo período, do acesso à sua verba alimentar que, pela sua própria natureza, é de tamanha importância.

9.11 DOS SINDICATOS E CONTRIBUIÇÕES

Seguindo a lista de mudanças referente à reforma trabalhista, outro ponto muito polêmico é o que trata dos Sindicatos e do fim da contribuição sindical compulsória.

A origem desta contribuição sindical tem forte vinculação com a adoção, pelo legislador, do sistema de unicidade sindical, segundo o qual somente pode existir um sindicato por categoria profissional em cada localidade.

Os arts. 578 e 579 da Consolidação das Leis do Trabalho, antes da reforma em estudo, diziam que:

> "Art. 578. As contribuições devidas aos sindicatos pelos que participem das categorias econômicas ou profissionais ou das profissões liberais representadas pelas referidas entidades serão, sob a denominação do imposto sindical, pagar, recolhidas e aplicadas na forma estabelecida neste capítulo.
>
> Art. 579. A contribuição sindical é devida por todos aqueles que participarem de uma determinada categoria econômica ou profissional, ou de uma profissão liberal, em favor do sindicato representativo da mesma categoria ou profissão ou, inexistindo este, na conformidade do disposto no art. 591[90]".

Como se pode ver com os dispositivos supra, até a reforma da CLT, a contribuição sindical feita pelos trabalhadores era compulsória, ou seja, obrigatória para todos os funcionários, pois, em que pese não serem obrigados a filiar-se a nenhum sindicato, toda categoria profissional era representada pelo seu respectivo sindicato e, por isso, compulsória era o pagamento do chamado "imposto sindical".

O valor desta contribuição, por seu turno, de acordo com o inciso I, do art. 580 da CLT, era de um dia de trabalho por ano para todos os empregados, independentemente da forma da referida remuneração.

A Lei da reforma trabalhista (Lei n. 13.467/2017), que entra em vigor em novembro/2017, alterou o art. 479 da CLT dando-lhe a seguinte redação:

> "Art. 479. O desconto da contribuição sindical está condicionado à autorização prévia e expressa dos que participem de uma determinada categoria econômica ou profissional, ou de uma profissão liberal, em favor do sindicato representativo da mesma categoria[91]".

Trata-se, então, de uma grande mudança, pois retira o caráter obrigacional do pagamento da contribuição sindical ao sindicato da respectiva categoria, independentemente de filiação e o deixa facultativo, ou seja, condicionado a uma autorização expressa e prévia do trabalhador.

---

(90) Consolidação das Leis do Trabalho. Artigos 578 e 579, *caput*.
(91) Lei n. 13.467, de 13 de julho de 2017, art. 479, *caput*.

Esta mudança traz reflexos profundos nas receitas sindicais pois, a partir da vigência da reforma trabalhista, os sindicatos deixarão de receber as contribuições de todos os trabalhadores e passarão a receber somente daqueles funcionários que concordarem com tal cobrança.

Para tanto, os sindicatos terão que convencer os trabalhadores dessa importância, para que estes aceitem pagar, voluntariamente, a citada contribuição.

Com isso, espera-se que melhorem as relações existentes entre sindicatos e funcionários, fazendo com que os sindicatos realmente busquem defender os direitos dos trabalhadores, inclusive, levantando e protegendo suas respectivas flâmulas e ansiedades.

Entretanto, vê-se, também, uma consequência negativa trazida por esta mudança pois, de acordo com o instituto de Pesquisa Econômica Aplicada — IPEA, o Brasil já possui mais de dezesseis mil organizações de representação dos interesses econômicos e sociais e mais de dez mil sindicatos de trabalhadores[92].

Este enorme número de sindicato nos permite prever, por exemplo, o expressivo número de trabalhadores que dependem diretamente do seu funcionamento e sobrevivência, sejam eles, médicos, secretários, motoristas, dentistas, advogados ou ocupantes de quaisquer outros cargos no corpo de colaboradores de uma entidade.

Ora, como dito, a extinção da obrigatoriedade da contribuição sindical afetará diretamente no funcionamento e nos compromissos assumidos por destas entidades, cuja consequência pode ser um aumento significativo no número de desempregos.

É claro que o objetivo aqui não é o de se defender, ou não, a extinção da contribuição sindical compulsória, mas apenas de se mostrar a importância existente na prévia e farta discussão sobre o tema antes de sua aprovação.

9.12 DO DANO EXTRAPATRIMONIAL

No que diz respeito aos danos extrapatrimoniais, torna-se necessário que saibamos, primeiro, o que são danos e quais destes danos são extrapatrimoniais e, ainda, passíveis de indenização.

Segundo nos ensina Aparecida Amarante, dano é:

> "Todo prejuízo acarretado a um bem jurídico, seja por diminuição do patrimônio ou do bem-estar comporta basicamente duas espécies de dano quanto ao objeto: patrimonial e não patrimonial. Para caracterizar-se como patrimonial, o bem deve possuir caracteres de exterioridade, avaliação pecuniária, correspondendo à necessidade econômica. Interesse patrimonial consiste na utilidade que a um determinado sujeito pode ser fornecida por um bem patrimonial, na atualidade, portanto, patrimonial considera frente a um sujeito. Quanto ao dano não patrimonial, este só pode ser definido, em

---

(92) Pesquisa do Ipea traça um panorama dos sindicatos. Disponível em: <http://www.ipea.gov.br/portal/index.php?option=com_content&view=article&id=29256>. Acesso em: 25 set. 2017.

contraposição ao dano patrimonial e encerra aquele que tem por objeto um interesse não patrimonial; relativo a um bem não patrimonial[93]".

Então, o dano extrapatrimonial pode ser entendido como aquele totalmente desvinculado do seu valor econômico e ligado diretamente ao indivíduo, ou seja, à ofensa da sua honra, da sua personalidade, da sua integridade, o que torna impossível a sua reposição ao *status quo ante*, já que incomensurável é.

Em outras palavras, sabe-se que o dano moral é subjetivo e, por isso, cada um tem seu entendimento particular em relação a uma determinada situação, o que dificulta muito a sua demonstração e, principalmente, sua conversão em dinheiro, ou seja, sua quantificação.

Justamente por ter um conceito e uma aplicação tão abrangente e genérica, a indenização por danos morais quase sempre é objeto de pleito nas Reclamações Trabalhistas.

Muitos fundamentam esse fato com base na chamada "indústria do dano moral", cuja conceituação foi feita pela doutrina e pela jurisprudência como sendo a confusão do dano moral propriamente dito e, portanto, indenizável, com aqueles pequenos transtornos inerentes ao cotidiano, cuja compensação não é possível nem razoável.

Com base no esclarecimento deste conceito e no grande número de demandas judiciais pleiteando indenização por danos morais, percebeu-se que as pessoas, em regra, utilizavam a máquina do Judiciário para buscar indenizações referentes às perturbações comuns da vida de qualquer homem médio.

Esta avalanche de ações judicias fundamentadas, em atos corriqueiros do dia a dia, acabou fazendo com que a doutrina e a jurisprudência entendessem o fato como a chamada "indústria do dano moral", ou seja, uma excelente oportunidade de se ganhar dinheiro por qualquer motivo.

Entretanto, a balança nunca deve pesar demais para um lado só pois, no caso da "indústria do dano moral" presume-se a má-fé do demandante como via de regra das ações judiciais, em total desacordo com o princípio da boa-fé, pedra angular do Direito.

Sendo assim, não podendo aceitar a má-fé como regra existente nas demandas judiciais que buscam indenizações por danos morais, também há na doutrina e na jurisprudência a chamada "indústria do mero dissabor" que, por seu turno, tem aplicação contrária.

Ou seja, segundo essa última linha de pensamento, entende-se que, toda ação que visa indenização por danos extrapatrimoniais é, mesmo que de forma inconsciente, analisada como se mero dissabor fosse, sem se levar em consideração os verdadeiros fundamentos da lide.

Explicando de forma mais clara, uma corrente entende que, por ser costumeiro o ajuizamento ações de indenização por quaisquer motivos comuns aos homens

---

(93) AMARANTES, Aparecida. *Responsabilidade civil por dano à honra*. Belo Horizonte: Del Rey, 2005.

médios, tais ações teriam, em sua essência, a intenção oportuna de gerar vantagem econômica com base em fatos corriqueiros, motivo pelo qual, por serem fundamentadas no "mero dissabor", não ampararam a indenização pleiteada.

A outra, por seu turno, entende que, de tanto o Judiciário acostumar-se a pensar de tal forma, as ações que realmente buscam uma indenização justa e fundamentada ficariam no prejuízo, pois seriam analisadas sob a influência negativa do "mero dissabor".

Então, para que balança não pondere para nenhum dos dois lados, nos casos em que existe pedido de condenação ao pagamento de danos morais, o Juiz deve estar atento, por exemplo, para, de um lado, reparar o direito ofendido da vítima e, de outro lado, não deixar com que tal reparação seja ferramenta de locupletamento ilícito.

Sabendo da impossibilidade e/ou dificuldade de se quantificar um dano de natureza extrapatrimonial, justamente pela sua característica maior de subjetividade, a Consolidação das Leis do Trabalho de 1973 nunca estipulou um limite mínimo ou máximo para este tipo de condenação.

Ainda, neste sentido, o Supremo Tribunal Federal — STF, ao analisar casos análogos, mais especificamente no julgamento da ADPF 130/DF[94], aboliu do sistema jurídico brasileiro a possibilidade de tarifação do dano moral.

Entretanto, em total contrassenso ao entendimento adotado pelo Supremo Tribunal Federal, a reforma trabalhista nos trouxe duas relevantes mudanças acerca desta matéria, uma delas estabelecendo um rol taxativo de bens jurídicos tutelados que, se violados, ensejariam o dano moral e, a outra, por seu turno, estabelecendo tarifação deste dano moral.

A primeira das alterações, como dito, vem com a criação do art. 223-B, da Consolidação das Leis do Trabalho aduz que, *verbis*:

> "Art. 223-B. Causa dano de natureza extrapatrimonial a ação ou omissão que ofenda a esfera moral ou existencial da pessoa física ou jurídica, as quais são as titulares exclusivas do direito à reparação[95]".

Como se pode ver, o citado artigo define como causa de dano extrapatrimonial a ação ou a omissão que, de alguma forma, ofenda a esfera moral ou existencial da pessoa física ou jurídica.

Esta definição, por sua vez, cria uma oportunidade de se obstar, através de uma interpretação literal do texto, a ofensa conjunta da esfera moral e existencial, por exemplo.

Ora, se o texto citado acima nos traz em seu corpo o termo "ou", é claro que se abrirão brechas para se impossibilitar a existência mútua de ofensa das esferas

---

(94) Arguição de Descumprimento de Preceito Fundamental n. 130, do Distrito Federal. Relator Ministro Carlos Britto, Tribunal Pleno, julgado em 30.4.2009.
(95) Lei n. 13.467, de 13 de julho de 2017, art. 223-B.

moral e existencial, fato que não condiz com a realidade do direito, pois se sabe que tal opção é plenamente possível e comum, inclusive.

Uma forma simplificada de se resolver esta questão, por exemplo, seria pela mera substituição do termo "ou" pelo termo "e/ou" que, no entanto, não foi feito em tempo hábil.

A troca do termo "ou" pelo termo "e/ou", como dito, acabaria com a possibilidade negativa que se criou com a implementação do art. 223-B à CLT, pois deixaria nítida a possibilidade de ofensa concomitante às esferas moral e existencial, deixando-se, então, de limitar o dano.

Todavia, como esclarecido há pouco, esta não foi a única alteração trazida pela reforma trabalhista no que diz respeito ao dano extrapatrimonial, pois também foi criado o art. 223-G que, em seu texto, estabelece uma tarifação padrão ao dano moral, conforme veremos.

O citado texto passou a ter a seguinte redação que diz, *litteris*:

"Art. 223-G. Ao apreciar o pedido, o juízo considerará:

I — a natureza do bem jurídico tutelado;

II — a intensidade do sofrimento ou da humilhação;

III — a possibilidade de superação física ou psicológica;

IV — os reflexos pessoais e sociais da ação ou da omissão;

V — a extensão e a duração dos efeitos da ofensa;

VI — as condições em que ocorreu a ofensa ou o prejuízo moral;

VII — o grau de dolo ou culpa;

VIII — a ocorrência de retratação espontânea;

IX — o esforço efetivo para minimizar a ofensa;

X — o perdão, tácito ou expresso;

XI — a situação social e econômica das partes envolvidas;

XII — o grau de publicidade da ofensa.

§ 1º Se julgar procedente o pedido, o juízo fixará a indenização a ser paga, a cada um dos ofendidos, em um dos seguintes parâmetros, vedada a acumulação:

I — ofensa de natureza leve, até três vezes o último salário contratual do ofendido;

II — ofensa de natureza média, até cinco vezes o último salário contratual do ofendido;

III — ofensa de natureza grave, até vinte vezes o último salário contratual do ofendido;

IV — ofensa de natureza gravíssima, até cinquenta vezes o último salário contratual do ofendido.

§ 2º Se o ofendido for pessoa jurídica, a indenização será fixada com observância dos mesmos parâmetros estabelecidos no § 1º deste artigo, mas em relação ao salário contratual do ofensor.

§ 3º Na reincidência entre partes idênticas, o juízo poderá elevar ao dobro o valor da indenização[96]".

---

(96) Lei n. 13.467, de 13 de julho de 2017, art. 223-G.

Conclui-se, com a leitura do texto anterior, que restou caracterizada a tarifação do dano moral, pois para sua aplicação, agora, deverá seguir-se as orientações expressas no artigo supra, principalmente no que tange à tarifação máxima aplicada como dano moral a depender do salário da vítima.

A tarifação ou quantificação tabelada do dano moral traz grandes riscos ao trabalhador, pois cria possibilidade de resultados absurdos como, por exemplo, um caso de extrema gravidade de ofensa a um funcionário que, pela tabulação imposta, terá sua condenação limitada, no máximo, ao valor de cinquenta salários mínimos, ou seja, uma média de R$ 50.000,00 (cinquenta mil reais).

Este limite, muitas vezes, não recompensa nem a metade do dano sofrido pelo trabalhador, o que nos faz perceber o tamanho dos riscos e prejuízos que esta mudança trará aos hipossuficientes da relação de emprego.

Um outro exemplo emblemático do que pode vir a acontecer após o início do vigor das novas regras trabalhistas, é o caso de dois funcionários de uma mesma empresa que, juntos, por condições precárias do ambiente de trabalho, morrem em razão de um acidente durante a jornada.

Um destes trabalhadores recebia salário de R$ 3.000,00 (três mil reais) e o outro, por trabalhar mais tempo na empresa, recebia salário de R$ 6.000,00 (seis mil reais).

Ambos os trabalhadores, após um acidente fatal, deixam, cada um, dois filhos pequenos e uma esposa. As duas famílias, então, ajuízam Reclamação Trabalhista em busca de indenização que, para um, terá um limite de R$ 150.000,00 (cento e cinquenta mil reais), enquanto para o outro, por receber salário maior, terá um limite de condenação estipulado em até R$ 300.000,00 (trezentos mil reais).

Ora, seria aceitável concluir que o sofrimento de uma família seria duas vezes maior que o sofrimento da outra apenas em razão do salário recebido? Inadmissível seria este posicionamento.

Alimentando as discussões sobre o estudo proposto, torna-se importante destacarmos possível ofensa direta do art. 223-G, da CLT ao art. 5º, da Constituição Federal.

Neste sentido, segundo o *caput* do art. 5º, da Constituição Federal:

"Art. 5º Todos são iguais perante a lei, sem distinção de qualquer natureza, garantindo-se aos brasileiros e aos estrangeiros residentes no País a inviolabilidade do direito à vida, à liberdade, à igualdade, à segurança e à propriedade, nos termos seguintes:
(...)
V — é assegurado o direito de resposta, proporcional ao agravo, além da indenização por dano material, moral ou à imagem:
(...)
X — são invioláveis a intimidade, a vida privada, a honra e a imagem das pessoas, assegurando o direito a indenização pelo dano material ou moral decorrente de sua violação[97]".

---

(97) Constituição Federal, art. 5º, V e X.

Segundo o art. 5º, da nossa Carta Magna, a igualdade é princípio básico do Direito, motivo pelo qual fazer-se uma distinção de valores com base no salário percebido pelo obreiro seria uma grave ofensa àquela norma, fato com o qual o direito não pode coadunar.

Como pode ser visto, com as alterações referente à fixação do dano extrapatrimonial, embora sua fundamentação tenha sido encravada na busca pela maior segurança jurídica nas relações de trabalho, acabou-se criando, na verdade, uma maior amplitude de discussão sobre o assunto, haja vista a contrariedade da norma às decisões já pacificadas, inclusive pelo Supremo Tribunal Federal.

9.13 DA TERCEIRIZAÇÃO

Outra mudança extremamente relevante para o dia a dia das relações de trabalho e do próprio mercado de trabalho em si é a terceirização, conforme veremos.

Por terceirização, fruto da evolução do trabalho e suas relações, entende-se, em síntese, a transferência da responsabilidade de execução de um determinado serviço ou parte dele à outra empresa.

A origem da ideia de terceirizar parte do serviço a outra empresa é oriunda da Segunda Guerra Mundial, cujo intuito era diminuir os gastos e possibilitar uma maior concentração na atividade foco da corporação, contratando outras empresas para que fizessem os serviços acessórios.

Um padrão comum de terceirização é quando uma escola, por exemplo, terceiriza parte dos seus serviços contratando uma terceira empresa especializada em limpeza para que, então, proceda à manutenção da limpeza da escola sem que ela tenha, necessariamente, que tirar o seu foco da sua atividade-fim para tanto.

Nestes casos, a escola pode preocupar-se tão somente em efetivamente vender e executar o serviço de ensino, enquanto outra empresa cuida da limpeza de todo o local.

Até o final de março de 2017, a terceirização não tinha legislação específica que a regesse, pois foi criada e estava sendo dirigida por jurisprudência dos Tribunais, que resultaram na edição da Súmula n. 331, do Tribunal Superior do Trabalho.

Segundo a citada Súmula, a terceirização só era possível nas atividades-meio das empresas, ou seja, nas atividades em que a empresa não desempenhava seu foco, sendo consideradas como atividades subsidiárias, acessórias, não sendo possível, portanto, terceirizar a atividade-fim de uma empresa.

Caso assim fizesse, a terceirização seria declarada ilícita e, consequentemente, julgada nula de pleno direito, reconhecendo-se o vínculo empregatício entre a empresa tomadora dos serviços e o funcionário terceirizado.

Então, em 31 de março de 2017, com a criação da Lei n. 13.429/17, a terceirização se viu, pela primeira vez, expressamente prevista na legislação obreira, inclusive alterando um pouco a Súmula n. 331 no sentido de liberar a terceirização, também, para a atividade-fim da empresa.

Demonstrando as citadas alterações, vê-se que o texto diz:

"Art. 4º-A. Considera-se prestação de serviços a terceiros a transferência feita pela contratante da execução de quaisquer de suas atividades, inclusive sua atividade principal, à pessoa jurídica de direito privado prestadora de serviços que possua capacidade econômica compatível com a sua execução.

(...)

Art. 5º-A. Contratante é a pessoa física ou jurídica que celebra contrato com empresa de prestação de serviços relacionados a quaisquer de suas atividades, inclusive sua atividade principal[98]".

Como pode ser visto, o texto da reforma deixa clara a possibilidade de terceirização de qualquer tipo de serviço, inclusive os relacionados à atividade-fim da empresa.

Muito se discute sobre essa abrangência de possibilidade de terceirização, supostamente influenciando na troca de funcionários contratados de uma empresa por funcionários terceirizados, por mais que se respeite o prazo da "quarentena".

A grande questão é que, segundo estudos, os trabalhadores terceirizados costumeiramente trabalham mais e recebem menos em relação aos trabalhadores diretos[99], motivo pelo qual é compreensível a preocupação com o futuro da qualidade do trabalho, cujas consequências costumeiramente se veem refletidas na saúde do obreiro e até em sua casa, perante sua família.

Ainda assim, além de manter a possibilidade de terceirização da atividade-fim, a reforma trabalhista trouxe algumas alterações nesta forma de contratação, como, por exemplo, estipulando a "quarentena", segundo a qual uma empresa não pode contratar como prestador de serviço um dos seus antigos funcionários nos últimos 18 (dezoito) meses, tampouco empresa que tenha como sócio um dos seus funcionários no mesmo prazo.

Em relação à citada quarentena, o texto afirma que:

"Art. 5º-C. Não pode figurar como contratada, nos termos do art. 4º-A desta lei, a pessoa jurídica cujos titulares ou sócios tenham, nos últimos dezoito meses, prestado serviços à contratante na qualidade de empregado ou trabalhador sem vínculo empregatício, exceto se os referidos titulares ou sócios forem aposentados.

Art. 5º-D. O empregado que for demitido não poderá prestar serviços para esta mesma empresa na qualidade de empregado de empresa prestadora de serviços antes do decurso de prazo de dezoito meses, contados a partir da demissão do empregado[100]".

---

(98) Lei n. 13.467/2017, arts. 4º-A e 5º-A.
(99) Terceirização e desenvolvimento: uma conta que não fecha: / dossiê acerca do impacto da terceirização sobre os trabalhadores e propostas para garantir a igualdade de direitos / Secretaria. Nacional de Relações de Trabalho e Departamento Intersindical de Estatística e Estudos Socioeconômicos. — São Paulo: Central Única dos Trabalhadores, 2014.
(100) Lei n. 13.467/2017, arts. 5º-C e 5º-D.

O intuito primário da "quarentena" é o de se evitar que o empregado seja demitido para que possa, então, ser contratado como terceirizado pela mesma empresa, ou seja, evitando-se a substituição de empregados contratados pelos mesmos empregados terceirizados.

Assim, fechados os principais pontos de alteração da reforma trabalhista e explicado, mesmo que de forma célere, com funcionarão as novas regras, passemos ao quadro comparativo de todas as alterações aqui postas, para que seja utilizado como fonte de comparação e consulta para estudantes e aplicadores do direito.

10
Da Medida Provisória n. 808/2017

Após três dias de vigência da nova legislação obreira proposta pelo Governo Federal e sancionada pelo Presidente da República, mais conhecida como "reforma trabalhista", o próprio Presidente Michael Temer assina a Medida Provisória n. 808, de 14 de novembro de 2017, alterando, novamente, alguns pontos da Consolidação das Leis do Trabalho — CLT.

A Medida Provisória — MP, instrumento adotado pelo Presidente da República em casos de relevância e urgência, é utilizada para garantir ao Poder Executivo, de forma excepcional, a criação de atos com força de lei.

Diz-se ser uma ferramenta usada de forma excepcional pois, segundo o art. 2º, da Constituição Federal, o Legislativo, o Executivo e o Judiciário são Poderes da União que, por sua vez, são independentes e harmônicos entre si[101], ou seja, cada um com suas funções típicas, peculiares, principais.

Entretanto, além das funções típicas, aquelas entendidas como as funções primárias de cada poder da União, todos eles também exercem, de forma excepcional, algumas funções atípicas, ou seja, secundárias, cujo intuito é o de se garantir o sistema de freios e contrapesos.

O Poder Executivo, cuja função típica é a administração do Estado, exerce como função atípica, ou seja, de forma excepcional, a função legislativa, através de uma Medida Provisória, por exemplo, ressalvadas as matérias previstas no parágrafo primeiro do art. 62, da Constituição Federal, como nacionalidade, cidadania, direitos políticos, direito penal, organização do Poder Judiciário, entre outros.

Sendo assim, esclarecida a função da Medida Provisória como ferramenta legislativa atípica do Poder Executivo, a MP n. 808/2017 modifica em alguns pontos a recém alterada Consolidação das Leis do Trabalho.

Veremos aqui os principais pontos de alteração da Medida Provisória n. 808/2017.

10.1 DA ABRANGÊNCIA E APLICABILIDADE DA NORMA

Um dos pontos mais discutidos da reforma trabalhista foi a obscuridade da sua abrangência, ou seja, se a reforma valeria, ou não, somente para os contratos

---

(101) Constituição Federal de 1988, art. 2º, *caput*.

de trabalho firmados após o término da *vacatio legis* ou se valeria para todos os contratos de trabalho, incluindo-se, aqui, os já firmados e anteriores à reforma.

O próprio Ministério do Trabalho, à época, chegou a emitir posicionamentos distintos e diretamente contraditórios, alegando que a Reforma Trabalhista valeria somente para os novos contratos e, logo após, afirmando que a mesma reforma, na verdade, valeria para todos os contratos de trabalho.

Neste particular, a MP soluciona um grande impasse ao afirmar, de forma clara, logo em seu artigo segundo, que: "O disposto na Lei n. 13.467/2017 se aplica, na integralidade, aos contratos de trabalho vigentes[102]", não mais restando dúvidas quando à sua abrangência e aplicabilidade imediata, inclusive em relação aos contratos firmados antes mesmo da proposição do Projeto de Reforma Trabalhista ao Congresso Nacional.

10.2. DA JORNADA DE TRABALHO

Outro ponto de modificação da MP em estudo foi relacionado à possibilidade de se fixar jornada de trabalho de doze horas de trabalho intercalada por trinta e seis horas e descanso que, segundo a reforma trabalhista aprovada dia 11.07.2017, poderia ser feito de forma individual diretamente entre empregado e empregador e, agora, com a Medida Provisória, só será possível mediante convenção coletiva ou acordo coletivo de trabalho, não mais sendo possível que tal estipulação se dê de forma direta entre patrão e empregado.

Ainda no que diz respeito à jornada de 12x36, a MP ainda estabelece que, diferentemente da regra geral, as entidades atuantes no setor de saúde poderão estabelecer, por meio de acordo individual escrito, a jornada de trabalho de 12x36, como exceção à regra.

10.3. DOS DANOS EXTRAPATRIMONIAIS

O valor das indenizações por danos extrapatrimoniais também foi alterado, pois segundo a Reforma Trabalhista, o valor da condenação teria o teto de 50 (cinquenta) vezes o valor do salário do funcionário e, agora, com a Medida Provisória publicada, o valor subiu para até 50 (cinquenta) vezes o valor do limite máximo dos benefícios do Regime Geral de Previdência Social — FGTS.

Em que pese a MP ter aumentado, proporcionalmente, o valor do teto da indenização por danos extrapatrimoniais em relação ao salário médio no Brasil em 2017, a previsão de um limite monetário para a indenização continua sendo um limitador ilegal da indenização, mas agora para outro público.

Se antes a limitação imposta era um empecilho para os trabalhadores de baixa renda que, em que pese eventualmente sofrerem graves danos morais, teriam sua indenização limitada ao máximo de 50 (cinquenta) vezes o valor do salário mínimo,

---

[102] Medida Provisória n. 808, de 14 de novembro de 2017, art. 2º, *caput*.

agora, após a nova modificação, acaba gerando dificuldades para os trabalhadores com altos salários que, por sua vez, tiveram seu teto indenizatório rebaixado com a Medida Provisória em estudo.

Daí percebe-se, novamente, a ilicitude e falta de lógica em tentar limitar uma quantia representativa de um direito tão íntimo e abstrato.

O texto da reforma trabalhista aprovada também previa que, em caso de reincidência, o valor da condenação poderia dobrar para se evitar tal comportamento. No entanto, a norma não deixava clara a ocorrência da reincidência, sendo a existência de um termo legislativo vago sempre sinônimo de problemas interpretativos, pois dão margem a diversas glosas distintas.

Sabendo disso, a MP tentou esclarecer esse ponto detalhando e explicando a ocorrência da reincidência quando uma ofensa idêntica acontecer no prazo de dois anos após o trânsito em julgado da decisão condenatória.

10.4. DO TRABALHO INSALUBRE PARA GESTANTES E LACTANTES

No que diz respeito à possibilidade de trabalho das gestantes em ambientes insalubres, um dos pontos que também foi alvo de grandes discussões e debates, a Medida Provisória em estudo novamente trouxe modificações relevantes, voltando atrás no entendimento de que o labor em ambiente insalubre por mulheres gestantes ou lactantes seria possível e, agora, passando a prever, expressamente, seu afastamento enquanto durar a gestação, transferindo-se a funcionária para algum outro posto condizente e sem insalubridade, motivo pelo qual também se cessará o pagamento de tal adicional, sob pena de locupletamento imotivado da obreira.

10.5. DO TRABALHADOR AUTÔNOMO

O trabalhador autônomo, assim como na reforma trabalhista, foi alvo de importante modificação pela MP em tela, vedando-se a possibilidade de celebração de cláusula de exclusividade no contrato de prestação de serviço do trabalhador autônomo, o que antes era possível com o texto aprovado da Reforma Trabalhista.

A MP, ao contrário de como afirmava na Lei n. 13.467/2017, agora prevê expressamente a possibilidade de o trabalhador autônomo prestar serviços de qualquer outra natureza a outros tomadores, mesmo àqueles que exerçam a mesma atividade econômica, não se caracterizando vínculo empregatício entre o tomador e o autônomo pelo simples fato de a prestação de serviço se dar somente para um tomador.

10.6. DO TRABALHO INTERMITENTE

Por fim, o último e mais extenso ponto dos mais importantes modificados pela Medida Provisória, assinada dia 14 de novembro de 2017, é o que trata do trabalho intermitente, criado pela própria Reforma Trabalhista por meio da Lei n. 13.467/2017.

No que tange ao trabalho intermitente, a MP alega que o empregado contratado por prazo indeterminado que eventualmente tenha sido dispensado da empresa contratante não poderá por ela ser contratado para prestar serviço na modalidade trabalho intermitente pelo período mínimo de dezoito meses, tentando-se, com isso, evitar a substituição em massa dos trabalhadores por prestadores de serviço na modalidade de trabalho intermitente.

Além disso, criou-se o aviso-prévio necessariamente indenizado para a contratação esta modalidade, prevendo, também, que na hipótese de rescisão do contrato de trabalho intermitente, será devido pela metade, afora o aviso-prévio, a indenização sobre o saldo existente no FGTS do obreiro e, na integralidade, as demais verbas trabalhistas sem, contudo, autorizar inscrição no Programa de Seguro-Desemprego.

Ainda, neste diapasão, a MP esclarece que a rescisão do trabalhador intermitente será calculada com base na média dos valores recebidos pelo obreiro no curso do contrato de trabalho intermitente dos últimos doze meses ou por todos os meses se inferior a tal período.

10.7. DOS PRÓXIMOS PASSOS LEGISLATIVOS

Vencidos tais pontos, compreendida a função da Medida Provisória no âmbito da atividade legislativa pelo Poder Executivo e, ainda, tendo pontuado as modificações mais relevantes trazidas pela Medida Provisória n. 808/2017, passemos ao estudo da sua tramitação legal, para que possamos concluir este ponto com um panorama completo do que ainda está por vir.

Assinada uma Medida Provisória pelo Presidente da República, assim como feito pelo Michel Temer em relação à MP n. 808, de 14 de novembro de 2017, ela produz efeitos imediatos, mas depende de aprovação do Congresso Nacional para que possa ser transformada em Lei definitivamente.

Ao chegar no Congresso Nacional, é criada uma Comissão Mista formada por Deputados e Senadores, cujo objetivo é o de se aprovar um parecer sobre a Medida Provisória em análise, encaminhando este texto ao Plenário da Câmara e, depois, ao Plenário do Senado.

Se a Câmara dos Deputados ou o Senado Federal rejeitar a Medida Provisória ou e ela perder a eficácia, os parlamentares precisam elaborar um Decreto Legislativo para disciplinar os efeitos jurídicos que eventualmente foram gerado durante sua vigência no âmbito legal.

Agora, se o conteúdo da MP for modificado em algum ponto, ela passará a tramitar como Projeto de Lei de Conversão, precisando ser aprovada na Câmara e no Senado para que, então, volte ao Presidente da República para sanção final ou veto e, por fim, transforme-se em lei definitiva.

Assim, por ainda não estar finalizada a versão final da Medida Provisória que altera a recém modificada Consolidação das Leis do Trabalho, dependendo tal finalização de muito trâmite e possíveis modificações legislativas, não nos debruçaremos nesta matéria e, ainda, não traspassaremos tais inovações para o quadro comparativo que segue, pois no momento em que a presente obra foi escrita, ainda eram muitas as variáveis e incertezas jurídicas.

Conclusão

Ao fim do estudo proposto no presente livro, chegamos à conclusão de que, em que pese a Consolidação das Leis do Trabalho ser de 1943, diferentemente do que se possa pensar, a evolução dos seus conceitos, paradigmas e aplicações ocorreu de forma natural com o tempo, mediante criação de novos preceitos e atualização dos mais antigos, sempre com o intuito de se fazer acompanhar a lei à sociedade a que se relaciona.

Entretanto, o direito não é exato e, por mais verdadeiro que seja o fato de que a CLT evoluiu com o passar dos seus 74 anos de vida, certo é que a necessidade de progresso é constante, razão pela qual ainda existiam pontos na legislação obreira que mereciam, sim, atualização.

Com ideia inicial de se lançar uma "minirreforma trabalhista", o projeto apresentado pelo Governo Federal ao Congresso Nacional, no decorrer do seu trâmite legislativo, acabou transformando-se, a bem da verdade, na concepção de uma nova era trabalhista, regida por novos sistemas e conceitos, da qual não podemos fugir, pois, segundo se aplica perfeitamente a famosa expressão de origem latina *"dura lex, sed lex"*.

Em razão das grandes e significativas alterações na legislação trabalhista e, consequentemente, no dia a dia dos empregados e empregadores, surgiu a necessidade de um maior esclarecimento sobre a matéria objeto do estudo que, com o presente livro, propõe-se.

Uma outra conclusão a que se chega com a leitura desta obra é que, por mais que alguns pontos realmente precisassem de atualização legislativa para se manter o constante e necessário progresso em conjunto com a sociedade, seu debate precisaria ser mais intenso e estudado, para não se correr o risco de movimentar toda a estrutura do Poder Legislativo em vão ou, no mínimo, inapropriada.

No que tange à influência da reforma trabalhista no dia a dia do mercado de trabalho, percebe-se que existem muitos pontos positivos e, na mesma medida, tantos outros negativos, cujos efeitos no cotidiano dos trabalhadores, por exemplo, vão desde uma possibilidade maior de negociação das características do contrato de trabalho de acordo com cada realidade até a limitação valorativa da indenização por danos morais de acordo como salário percebido no caso concreto.

Noutro turno, seguindo o exemplo, criou-se a possibilidade de trabalho diário acima do limite previsto na Constituição Federal e sem qualquer contraprestação por labor extraordinário e, também, a extinção da obrigatoriedade da contribuição sindical por parte dos trabalhadores.

De qualquer sorte, conclui-se importante e necessário o debate e estudo aprofundado sobre qualquer tema a ser alterado em uma legislação com tamanha e direta aplicação na sociedade, sob riscos de alcançar consequências diretamente contrárias àquelas visadas.

As questões aqui postas, preparam-nos, de certa forma, para a transição que se aproxima, armando-nos de conhecimento e entendimento suficiente sobre o que esperar e como proceder na nova era trabalhista.

11

Quadro Comparativo

Com o único intuito de facilitar a pesquisa do leitor para eventual estudo ou até mesmo para utilização como ferramenta de trabalho, segue um quadro comparativo entre a Consolidação das Leis do Trabalho de 1973 e a nova legislação trabalhista oriunda da Lei n. 13.467/2017, com todos os pontos aqui abordados e tantos outros:

INTRODUÇÃO (art. 1º ao 12)	
CLT de 1973	**Lei n. 13.467/2017**
Art. 2º (...)	Art. 2º (...)
§ 2º Sempre que uma ou mais empresas, tendo, embora, cada uma delas, personalidade jurídica própria, estiverem sob a direção, controle ou administração de outra, constituindo um grupo industrial, comercial ou de qualquer outra atividade econômica, serão, para os efeitos da relação de emprego, solidariamente responsáveis a empresa principal e cada uma das subordinadas.	§ 2º Sempre que uma ou mais empresas, tendo, cada uma delas, personalidade jurídica própria, estiverem sob a direção, controle ou administração de outra, ou ainda quando, mesmo guardando cada uma sua autonomia, integrem grupo econômico, serão responsáveis solidariamente pelas obrigações decorrentes da relação de emprego.
§ 3º Inexistente...	§ 3º Não caracteriza grupo econômico a mera identidade de sócios, sendo necessárias, para a configuração do grupo, a demonstração do interesse integrado, a efetiva comunhão de interesses e a atuação conjunta das empresas dele integrantes.
Art. 3º (...)	Art. 3º (...)
Parágrafo Único — Não haverá distinções relativas à espécie de emprego e à condição de trabalhador, nem entre o trabalho intelectual, técnico e manual.	§ 1º Não haverá distinções relativas à espécie de emprego e à condição de trabalhador, nem entre o trabalho intelectual, técnico e manual.
§ 2º Inexistente...	§ 2º O negócio jurídico entre pessoas físicas ou jurídicas da mesma cadeia produtiva, ainda que em regime de exclusividade, não caracteriza o vínculo empregatício da pessoa física ou jurídica constatada com a pessoa física ou jurídica contratante, respondendo esta subsidiariamente pelos débitos e multas trabalhistas daquela.

CLT de 1973	Lei n. 13.467/2017
Art. 4º (...)	Art. 4º (...)
Parágrafo Único — Computar-se-ão, na contagem de tempo de serviço, para efeito de indenização e estabilidade, os períodos em que o empregado estiver afastado do trabalho prestando serviço militar e por motivo de acidente de trabalho.	§ 1º Computar-se-ão, na contagem de tempo de serviço, para efeito de indenização e estabilidade, os períodos em que o empregado estiver afastado do trabalho prestando serviço militar e por motivo de acidente de trabalho.
§ 2º Inexistente...	§ 2º Por não se considerar tempo à disposição do empregador, não será computado como extra o período que exceder a jornada normal, ainda que ultrapasse o limite de cinco minutos previsto no § 1º do art. 58 desta Consolidação, quando o empregado, por escolha própria, buscar proteção pessoa, em caso de insegurança nas vias públicas ou más condições climáticas, bem como adentrar ou permanecer nas dependências da empresa para exercer atividades particulares, entre outras: I — práticas religiosas; II — descanso: III — lazer; IV — estudo; V — alimentação; VI — atividades de relacionamento social; VII — higiene pessoal; VIII — troca de roupa ou uniforme, quando não houver obrigatoriedade de realizar a troca na empresa.
Art. 8º....	Art. 8º....
Parágrafo Único — O direito comum será fonte subsidiária do direito do trabalho, naquilo em que não for incompatível com os princípios fundamentais deste.	§ 1º O direito comum será fonte subsidiária do direito do trabalho.
§ 2º Inexistente...	§ 2º Súmulas e outros enunciados de jurisprudência editados pelo Tribunal Superior do Trabalho e pelos Tribunais Regionais do Trabalho não poderão restringir direitos legalmente previstos nem criar obrigações que não estejam previstas em lei.
§ 3º Inexistente...	§ 3º No exame de convenção coletiva ou acordo coletivo de trabalho, a Justiça do Trabalho analisará exclusivamente a conformidade dos elementos essenciais do negócio jurídico, respeitado o disposto no art. 104, da Lei n. 10.406, de 10 de janeiro de 2002 — Código Civil, e balizará sua atuação pelo princípio da intervenção mínima na autonomia da vontade coletiva.
Art. 10-A Inexistente...	Art. 10-A. O sócio retirante responde subsidiariamente pelas obrigações trabalhistas da sociedade, relativas ao período em que figurou como sócio, somente em ações ajuizadas até dois anos depois de averbada a modificação do contrato, observada a seguinte ordem de preferência:

CLT de 1973	Lei n. 13.467/2017
	I — a empresa devedora; II — os sócios atuais e; III — os sócios retirantes.
Parágrafo Único. Inexistente...	Parágrafo Único. O sócio retirante responderá solidariamente com os demais quando ficar comprovada fraude na alteração societária decorrente da modificação do contrato.
Art. 11. O direito de ação quanto a créditos resultantes das relações de trabalho prescreve: I — em cinco anos para o trabalhador urbanos, até o limite de dois anos após a extinção do contrato; II — em dois anos, após a extinção do contrato de trabalho, para o trabalhador rural.	Art. 11. O direito de ação quanto a créditos resultantes das relações de trabalho prescreve em cinco anos para os trabalhadores urbanos e rurais, até o limite de dois anos após a extinção do contrato de trabalho.
§ 4º Inexistente...	§ 4º Tratando-se de pretensão que envolva pedido de prestações sucessivas decorrente da alteração ou descumprimento do pactuado, a prescrição é total, exceto quando o direito à parcela esteja também assegurado por preceito de lei.
§ 5º Inexistente...	§ 5º interrupção da prescrição somente ocorrerá pelo ajuizamento de reclamação trabalhista, mesmo que em juízo incompetente, ainda que venha a ser extinta sem resolução de mérito, produzindo efeitos apenas em relação aos pedidos idênticos.
Art. 11-A. Inexistente...	Art. 11-A. Ocorre a prescrição intercorrente no processo do trabalho no prazo de dois anos.
§ 1º Inexistente...	§1º A fluência do prazo prescricional intercorrente inicia-se quando o exequente deixa de cumprir determinação judicial no curso da execução.
§ 2º Inexistente...	§ 2º A declaração da prescrição intercorrente pode ser requerida ou declarada de ofício em qualquer graus de jurisdição.
DOS LIVROS DE REGISTRO DE EMPREGADOS (art. 41 A 48)	
Art. 47. A empresa que mantiver empregado não registrado nos termos do art. 41 e seu parágrafo único, incorrerá na multa de valor igual a 1 (um) salário-mínimo regional, por empregado não registrado, acrescido de igual valor em cada reincidência.	Art. 47. A empresa que mantiver empregado não registrado nos termos do art. 41 esta Consolidação, ficará sujeito à multa no valor de R$ 3.000,00 (três mil reais), por empregado não registrado, acrescido de igual valor em cada reincidência.
§ 1º Inexistente...	§ 1º Especificamente quanto à infração a que se refere o *caput*, o valor final da multa aplicada será de R$ 800,00 (oitocentos reais) por empregado não registrado, quando se tratar de microempresa ou empresa de pequeno porte.
§ 2º Inexistente...	§ 2º A infração de que trata o *caput* constitui exceção ao critério da dupla visita.
Art. 47-A. Inexistente...	Art. 47-A. Na hipótese de não serem informados os dados a que se refere o parágrafo único do art. 41 desta Consolidação, o empregador ficará sujeito à multa de R$ 600,00 (seiscentos reais) por empregado prejudicado.

CLT de 1973	Lei n. 13.467/2017
DA JORNADA DE TRABALHO (art. 58 A 65)	
Art. 58 (...)	Art. 58 (...)
§ 2º O tempo despendido pelo empregado até o local de trabalho e para o seu retorno, por qualquer meio de transporte, não será computado na jornada de trabalho, salvo quando, tratando-se de local de difícil acesso ou não servido por transporte público, o empregador fornecer a condução.	§ 2º O tempo despendido pelo empregado desde a sua residência até a efetiva ocupação do posto de trabalho e para seu retorno, caminhando ou por qualquer meio de transporte, inclusive o fornecido pelo empregador, não será computado na jornada de trabalho, por não ser tempo à disposição do empregado.
§ 3º Poderão ser fixados, para microempresas e empresas de pequeno porte, por meio de acordo ou convenção coletiva de trabalho, em caso de transporte fornecido pelo empregador, em local de difícil acesso ou não servido por transporte público, o tempo médio despendido pelo empregado, bem como a forma e a natureza da remuneração.	§ 3º Revogado...
Art. 58-A. Considera-se trabalho em regime de tempo parcial aquele cuja duração não exceda a vinte e cinco horas semanais.	Art. 58-A. Considera-se trabalho em regime de tempo parcial aquele cuja duração não exceda a trinta horas semanais, sem a possibilidade de horas suplementares semanais, ou, ainda, aquele cuja duração não exceda a vinte e seis horas semanais, com possibilidade de acréscimo de até seis horas suplementares semanais.
§ 3º Inexistente...	§ 3º As horas suplementares à duração do trabalho semanal normal serão pagas com acréscimo de 50% (cinquenta por cento) sobre o salário-hora normal.
§ 4º Inexistente...	§ 4º Na hipótese de o contrato de trabalho em regime de tempo parcial ser estabelecido em número inferior a vinte e seis horas semanais, as horas suplementares a este quantitativo serão consideradas horas extras para fins do pagamento estipulado no § 3º, estando também limitadas a seis horas suplementares semanais.
§ 5º Inexistente...	§ 5º As horas suplementares da jornada de trabalho normal poderão ser compensadas diretamente até a semana imediata posterior à da sua execução, devendo ser feita sua quitação na folha de pagamento do mês subsequente, caso não sejam compensadas.
§ 6º Inexistente...	§ 6º É facultado ao empregado contratado sob o regime de tempo parcial converter um terço do período de férias a que tiver direito em abono pecuniário.
§ 7º Inexistente...	§ 7º As férias do regime de tempo parcial são regidas pelo disposto no art. 130 desta Consolidação.

CLT de 1973	Lei n. 13.467/2017
Art. 59. A duração normal do trabalho poderá ser acrescida de horas suplementares, em número não excedente a duas, mediante acordo escrito entre empregador e empregado, ou mediante contrato coletivo de trabalho.	Art. 59. A duração diária do trabalho poderá ser acrescida de horas extras, em número não excedente de duas, por acordo individual, convenção coletiva ou acordo coletivo de trabalho.
§ 1º Do acordo ou do contrato coletivo de trabalho deverá constar, obrigatoriamente, a importância da remuneração da hora suplementar, que será, pelo menos, 20% (vinte por cento) superior à hora normal.	§ 1º A remuneração da hora extra será, pelo menos, 50% (cinquenta por cento) superior à da hora normal.
§ 3º Na hipótese de rescisão do contrato de trabalho sem que tenha havido a compensação integral da jornada extraordinária, na forma do parágrafo anterior, fará o trabalhador jus ao pagamento das horas extras não compensadas, calculadas sobre o valor da remuneração na data da rescisão.	§ 3º Na hipótese de rescisão do contrato de trabalho sem que tenha havido a compensação integral da jornada extraordinária, na forma dos §§ 2º e 5º deste artigo, o trabalhador terá direito ao pagamento das horas extras não compensadas, calculadas sobre o valor da remuneração na data da rescisão.
§ 4º Os empregados sob o regime de tempo parcial não poderão prestar horas extras.	§ 4º Revogado...
§ 5º Inexistente...	§ 5º O banco de horas de que trata o § 2º deste artigo poderá ser pactuado por acordo individual escrito, desde que a compensação ocorra no período máximo de seis meses.
Art. 59-A. Inexistente...	Art. 59-A. Em exceção ao disposto no art. 59 desta Consolidação, é facultado às partes, mediante acordo individual escrito, convenção ou acordo coletivo de trabalho, estabelecer horário de trabalho de doze horas seguidas por trinta e seis horas ininterruptas de descanso, observados ou indenizados os intervalos para repouso e alimentação.
Parágrafo Único. Inexistente...	Parágrafo Único. A remuneração mensal pactuada pelo horário previsto no *caput* deste artigo abrange os pagamentos devidos pelo descanso semanal remunerado e pelo descanso em feriados, e serão considerados compensados os feriados e as prorrogações de trabalho noturno, quando houver, de que tratam os artigos 70 e o § 5º do art. 73 desta Consolidação.
Art. 69-B. Inexistente....	Art. 59-B. O não atendimento das exigências legais para compensação de jornada, inclusive quando estabelecida mediante acordo tático, não implica a repetição do pagamento das horas excedentes à jornada normal diária se não ultrapassada a duração máxima semanal, sendo devido apenas o respectivo adicional.
Parágrafo Único. Inexistente...	Parágrafo Único. A prestação de horas extras habituais não descaracteriza o acordo de compensação de jornada e o banco de horas.

CLT de 1973	Lei n. 13.467/2017
Art. 60 (...)	Art. 60 (...)
Parágrafo Único. Inexistente...	Parágrafo Único. Excetuam-se da exigência de licença prévia as jornadas de doze horas de trabalho por trinta e seis horas ininterruptas de descanso.
Art. 61 (...)	Art. 61 (...)
§ 1º O excesso, nos casos deste artigo, poderá ser exigido independentemente de acordo ou contrato coletivo e deverá ser comunicado, dentro de 10 (dez) dias, à autoridade competente em matéria de trabalho, ou, antes desse prazo, justificado no momento da fiscalização sem prejuízos dessa comunicação.	§ 1º O excesso, nos casos deste artigo, pode ser exigido independentemente de convenção coletiva ou acordo coletivo de trabalho.
Art. 62 (...)	Art. 62 (...)
III — Inexistente...	III — os empregados em regime de teletrabalho.
DOS PERÍODOS DE DESCANSO (art. 62 A 72)	
Art. 71 ...	Art. 71...
§ 4º Quando o intervalo para repouso e alimentação, previsto neste artigo, não for concedido pelo empregador, este ficará obrigado a remunerar o período correspondente com um acréscimo de no mínimo 25% (vinte e cinto por cento).	§ 4º A não concessão ou concessão parcial do intervalo intrajornada mínimo, para repouso e alimentação, a empregados urbanos e rurais, implica o pagamento, de natureza indenizatória, apenas do período suprimido, com acréscimo de 50% (cinquenta por cento) sobre o valor da remuneração da hora normal de trabalho.
Art. 75-A. Inexistente...	Art. 75-A. A prestação de serviços pelo empregado em regime de teletrabalho observará o disposto neste capítulo.
Art. 75-B. Inexistente...	Art. 75-B. Considera-se teletrabalho a prestação de serviços preponderantemente fora das dependências do empregador, com a utilização de tecnologias de informação e de comunicação que, por natureza, não se constituam como trabalho externo.
Parágrafo Único. Inexistente....	Parágrafo Único. O comparecimento às dependências do empregador para a realização de atividades específicas que exijam a presença do empregado no estabelecimento não descaracteriza o regime de teletrabalho
Art. 75-C. Inexistente...	Art. 75-C. A prestação de serviços na modalidade de teletrabalho deverá constar expressamente do contrato individual de trabalho, que especificará as atividades que serão realizadas pelo empregado.
§ 1º Inexistente...	§ 1º Poderá ser realizada a alteração entre regime presencial e de teletrabalho desde que haja mútuo acordo entre as partes, registrado em aditivo contratual.
§ 2º Inexistente...	§ 2º Poderá ser realizada a alteração do regime de teletrabalho para o presencial por determinação do empregador, garantido prazo de transição mínimo de quinze dias, com correspondente registro em aditivo contratual.

CLT de 1973	Lei n. 13.467/2017
Art. 75-D. Inexistente....	Art. 75-D. As disposições relativas à responsabilidade pela aquisição, manutenção ou fornecimento dos equipamentos tecnológicos e da infraestrutura necessária e adequada à prestação do trabalho remoto, bem como ao reembolso de despesas arcadas pelo empregado, serão previstas em contrato escrito.
Parágrafo Único. Inexistente...	Parágrafo Único. As utilidades mencionadas no *caput* deste artigo não integram a remuneração do empregado.
Art. 75-E. Inexistente....	Art. 75-E. O empregador deverá instruir os empregados, de maneira expressa e ostensiva, quanto às precauções a tomar a fim de evitar doenças e acidentes de trabalho.
Parágrafo Único. Inexistente...	Parágrafo Único. O empregado deverá assinar termo de responsabilidade comprometendo-se a seguir as instruções fornecidas pelo empregador.
Art. 134 (...)	Art. 134 (...)
§ 1º Somente em casos excepcionais serão as férias concedidas em 2 (dois) períodos, um dos quais não poderá ser inferior a 10 (dez) dias corridos.	§ 1º Desde que haja concordância do empregado, as férias poderão ser usufruídas em até três períodos, sendo que um deles não poderá ser inferior a quatorze dias corridos e os demais não poderão ser inferiores a cinco dias corridos, cada um.
§ 2º Aos menores de 18 (dezoito) anos e aos maiores de 50 (cinquenta) anos de idade, as férias serão sempre concedidas de uma só vez.	§ 2º Revogado...
§ 3º Inexistente...	§ 3º É vedado o início das férias no período de dois dias que antecede feriado ou dia de repouso semanal remunerado
DO DANO EXTRAPATRIMONIAL	
Art. 223-A. Inexistente...	Art. 223-A. Aplicam-se à reparação de danos de natureza extrapatrimonial decorrentes da relação de trabalho apenas os dispositivos deste Título.
Art. 223-B. Inexistente...	Art. 223-B. Causa dano de natureza extrapatrimonial a ação ou omissão que ofenda a esfera moral ou existencial da pessoa física ou jurídica, as quais são as titulares exclusivas do direito à reparação.
Art. 223-C. Inexistente...	Art. 223-C. A honra, a imagem, a intimidade, a liberdade de ação, a autoestima, a sexualidade, a saúde, o lazer e a integridade física são os bens juridicamente tutelados inerentes à pessoa física.
Art. 223-D. Inexistente...	Art. 223-D. A imagem, a marca, o nome, o segredo empresarial e o sigilo da correspondência são bens juridicamente tutelados inerentes à pessoa jurídica.
Art. 223-E. Inexistente...	Art. 223-E. São responsáveis pelo dano extrapatrimonial todos os que tenham colaborado para a ofensa ao bem jurídico tutelado, na proporção da ação ou da omissão.

CLT de 1973	Lei n. 13.467/2017
Art. 223-F. Inexistente...	Art. 223-F. A reparação por danos extrapatrimoniais pode ser pedida cumulativamente com a indenização por danos materiais decorrentes do mesmo ato lesivo.
§ 1º Inexistente...	§ 1º Se houver cumulação de pedidos, o juízo, ao proferir a decisão, discriminará os valores das indenizações a título de danos patrimoniais e das reparações por danos de natureza extrapatrimonial.
§ 2º Inexistente...	§ 2º A composição das perdas e danos, assim compreendidos os lucros cessantes e os danos emergentes, não interfere na avaliação dos danos extrapatrimoniais.
Art. 223-G. Inexistente...	Art. 223-G. Ao apreciar o pedido, o juízo considerará:
I — Inexistente...	I — a natureza do bem jurídico tutelado;
II — Inexistente...	II — a intensidade do sofrimento ou da humilhação;
III — Inexistente...	III — a possibilidade de superação física ou psicológica;
IV — Inexistente...	IV — os reflexos pessoais e sociais da ação ou da omissão.
V — Inexistente...	V — a extensão e a duração dos efeitos da ofensa;
VI — Inexistente...	VI — as condições em que ocorreu a ofensa ou o prejuízo moral;
VII — Inexistente...	VII — o grau de dolo ou culpa;
VIII — Inexistente...	VIII — a ocorrência de retratação espontânea;
IX — Inexistente...	IX — o esforço efetivo para minimizar a ofensa;
X — Inexistente...	X — o perdão, tácito ou expresso;
XI — Inexistente...	XI — a situação social e econômica das partes envolvidas;
XII — Inexistente...	XII — o grau de publicidade da ofensa.
§ 1º Inexistente...	Se julgar procedente o pedido, o juízo fixará a indenização a ser paga, a cada um dos ofendidos, em um dos seguintes parâmetros, vedada a acumulação:
I — Inexistente...	I — ofensa de natureza leve, até três vezes o último salário contratual do ofendido;
II — Inexistente...	II — ofensa de natureza média, até cinco vezes o último salário contratual do ofendido;
III — Inexistente...	III — ofensa de natureza grave, até vinte vezes o último salário contratual do ofendido;
IV — Inexistente...	IV — ofensa de natureza gravíssima, até cinquenta vezes o último salário contratual do ofendido.
§ 2º Inexistente...	§ 2º Se o ofendido for pessoa jurídica, a indenização será fixada com observância dos mesmos parâmetros estabelecidos no § 1º deste artigo, mas em relação ao salário contratual do ofensor.

CLT de 1973	Lei n. 13.467/2017
§ 3º Inexistente...	§ 3º Na reincidência entre partes idênticas, o juízo poderá elevar ao dobro o valor da indenização.
Art. 394-A. A empregada gestante ou lactante será afastada, enquanto durar a gestação e a lactação, de quaisquer atividades, operações ou locais insalubres, devendo exercer suas atividades em local salubre.	Art. 394-A. Sem prejuízo de sua remuneração, nesta incluído o valor do adicional de insalubridade, a empregada deverá ser afastada de:
I — Inexistente...	I — atividades consideradas insalubres em grau máximo, enquanto durar a gestação;
II — Inexistente...	II — atividades consideradas insalubres em grau médio ou mínimo, quando apresentar atestado de saúde, emitido por médico de confiança da mulher, que recomende o afastamento durante a gestação;
III — Inexistente...	III — atividades consideradas insalubres em qualquer grau, quando apresentar atestado de saúde, emitido por médico de confiança da mulher, que recomende o afastamento durante a lactação.
§ 2º Inexistente...	§ 2º Cabe à empresa pagar o adicional de insalubridade à gestante ou à lactante, efetivando-se a compensação, observado o disposto no art. 248 da Constituição Federal, por ocasião do recolhimento das contribuições incidentes sobre a folha de salários e demais rendimentos pagos ou creditados, a qualquer título, à pessoa física que lhe preste serviço.
§ 3º Inexistente...	§ 3º Quando não for possível que a gestante ou a lactante afastada nos termos do *caput* deste artigo exerça suas atividades em local salubre na empresa, a hipótese será considerada como gravidez de risco e ensejará a percepção de salário-maternidade, nos termos da Lei n. 8.213, de 24 de julho de 1991, durante todo o período de afastamento.
Art. 396. Para amamentar o próprio filho, até que este complete 6 (seis) meses de idade, a mulher terá direito, durante a jornada de trabalho, a 2 (dois) descansos especiais, de meia hora cada um.	Art. 396. Para amamentar o próprio filho, até que este complete 6 (seis) meses de idade, a mulher terá direito, durante a jornada de trabalho, a 2 (dois) descansos especiais, de meia hora cada um.
§ 2º Inexistente...	§ 2º Os horários dos descansos previstos no *caput* deste artigo deverão ser definidos em acordo individual entre a mulher e o empregador.
Art. 442-B. Inexistente...	Art. 442-B. A contratação do autônomo, cumpridas por este todas as formalidades legais, com ou sem exclusividade, de forma contínua ou não, afasta a qualidade de empregado prevista no art. 3º desta Consolidação.
Art. 443. O contrato individual de trabalho poderá ser acordado tácita ou expressamente, verbalmente ou por escrito e por prazo determinado ou indeterminado.	Art. 443. O contrato individual de trabalho poderá ser acordado tácita ou expressamente, verbalmente ou por escrito, por prazo determinado ou indeterminado, ou para prestação de trabalho intermitente.

CLT de 1973	Lei n. 13.467/2017
§ 3º Inexistente...	§ 3º Considera-se como intermitente o contrato de trabalho no qual a prestação de serviços, com subordinação, não é contínua, ocorrendo com alternância de períodos de prestação de serviços e de inatividade, determinados em horas, dias ou meses, independentemente do tipo de atividade do empregado e do empregador, exceto para os aeronautas, regidos por legislação própria.
Art. 444. .. (...)	Art. 444 . (...)
Parágrafo Único. Inexistente...	Parágrafo Único. A livre estipulação a que se refere o *caput* deste artigo aplica-se às hipóteses previstas no art. 611-A desta Consolidação, com a mesma eficácia legal e preponderância sobre os instrumentos coletivos, no caso de empregado portador de diploma de nível superior e que perceba salário mensal igual ou superior a duas vezes o limite máximo dos benefícios do Regime Geral de Previdência Social.
Art. 448-A. Inexistente...	Art. 448-A. Caracterizada a sucessão empresarial ou de empregadores prevista nos arts. 10 e 448 desta Consolidação, as obrigações trabalhistas, inclusive as contraídas à época em que os empregados trabalhavam para a empresa sucedida, são de responsabilidade do sucessor.
Parágrafo Único. Inexistente...	Parágrafo Único. A empresa sucedida responderá solidariamente com a sucessora quando ficar comprovada fraude na transferência.
Art. 452-A. Inexistente...	Art. 452-A. O contrato de trabalho intermitente deve ser celebrado por escrito e deve conter especificamente o valor da hora de trabalho, que não pode ser inferior ao valor horário do salário mínimo ou àquele devido aos demais empregados do estabelecimento que exerçam a mesma função em contrato intermitente ou não.
§ 1º Inexistente...	§ 1º O empregador convocará, por qualquer meio de comunicação eficaz, para a prestação de serviços, informando qual será a jornada, com, pelo menos, três dias corridos de antecedência.
§ 2º Inexistente...	§ 2º Recebida a convocação, o empregado terá o prazo de um dia útil para responder ao chamado, presumindo-se, no silêncio, a recusa.
§ 3º Inexistente...	§ 3º A recusa da oferta não descaracteriza a subordinação para fins do contrato de trabalho intermitente.
§ 4º Inexistente...	§ 4º Aceita a oferta para o comparecimento ao trabalho, a parte que descumprir, sem justo motivo, pagará à outra parte, no prazo de trinta dias, multa de 50% (cinquenta por cento) da remuneração que seria devida, permitida a compensação em igual prazo.

CLT de 1973	Lei n. 13.467/2017
§ 5º Inexistente...	§ 5º O período de inatividade não será considerado tempo à disposição do empregador, podendo o trabalhador prestar serviços a outros contratantes.
§ 6º Inexistente...	§ 6º Ao final de cada período de prestação de serviço, o empregado receberá o pagamento imediato das seguintes parcelas:
I — Inexistente...	I — remuneração;
II — Inexistente...	II — férias proporcionais com acréscimo de um terço;
III — Inexistente...	III — décimo terceiro salário proporcional;
IV — Inexistente...	IV — repouso semanal remunerado; e
V — Inexistente...	V — adicionais legais.
§ 7º Inexistente...	§ 7º O recibo de pagamento deverá conter a discriminação dos valores pagos relativos a cada uma das parcelas referidas no § 6º deste artigo.
§ 8º Inexistente...	§ 8º O empregador efetuará o recolhimento da contribuição previdenciária e o depósito do Fundo de Garantia do Tempo de Serviço, na forma da lei, com base nos valores pagos no período mensal e fornecerá ao empregado comprovante do cumprimento dessas obrigações.
§ 9º Inexistente...	§ 9º A cada doze meses, o empregado adquire direito a usufruir, nos doze meses subsequentes, um mês de férias, período no qual não poderá ser convocado para prestar serviços pelo mesmo empregador.
Art. 456-A. Inexistente...	Art. 456-A. Cabe ao empregador definir o padrão de vestimenta no meio ambiente laboral, sendo lícita a inclusão no uniforme de logomarcas da própria empresa ou de empresas parceiras e de outros itens de identificação relacionados à atividade desempenhada.
Parágrafo Único. Inexistente...	Parágrafo Único. A higienização do uniforme é de responsabilidade do trabalhador, salvo nas hipóteses em que forem necessários procedimentos ou produtos diferentes dos utilizados para a higienização das vestimentas de uso comum.
Art. 457 (...)	Art. 457 (...)
§ 1º Integram o salário não só a importância fixa estipulada, como também as comissões, percentagens, gratificações ajustadas, diárias para viagens e abonos pagos pelo empregador.	§ 1º Integram o salário a importância fixa estipulada, as gratificações legais e as comissões pagas pelo empregador.
§ 2º Não se incluem nos salários as ajudas de custo, assim como as diárias para viagem que não excedam de 50% (cinquenta por cento) do salário percebido pelo empregado.	§ 2º As importâncias, ainda que habituais, pagas a título de ajuda de custo, auxílio-alimentação, vedado seu pagamento em dinheiro, diárias para viagem, prêmios e abonos não integram a remuneração do empregado, não se incorporam ao contrato de trabalho e não constituem base de incidência de qualquer encargo trabalhista e previdenciário.

CLT de 1973	Lei n. 13.467/2017
§ 4º A gorjeta mencionada no § 3º não constitui receita própria dos empregadores, destina-se aos trabalhadores e será distribuída segundo critérios de custeio e de rateio definidos em convenção ou acordo coletivo de trabalho.	§ 4º Consideram-se prêmios as liberalidades concedidas pelo empregador em forma de bens, serviços ou valor em dinheiro a empregado ou a grupo de empregados, em razão de desempenho superior ao ordinariamente esperado no exercício de suas atividades.
Art. 458 (...)	Art. 458 (...)
§ 5º Inexistente...	§ 5º O valor relativo à assistência prestada por serviço médico ou odontológico, próprio ou não, inclusive o reembolso de despesas com medicamentos, óculos, aparelhos ortopédicos, próteses, órteses, despesas médico-hospitalares e outras similares, mesmo quando concedido em diferentes modalidades de planos e coberturas, não integram o salário do empregado para qualquer efeito nem o salário de contribuição, para efeitos do previsto na alínea q do § 9º do art. 28 da Lei n. 8.212, de 24 de julho de 1991.
Art. 461. Sendo idêntica a função, a todo trabalho de igual valor, prestado ao mesmo empregador, na mesma localidade, corresponderá igual salário, sem distinção de sexo, nacionalidade ou idade.	Art. 461. Sendo idêntica a função, a todo trabalho de igual valor, prestado ao mesmo empregador, no mesmo estabelecimento empresarial, corresponderá igual salário, sem distinção de sexo, etnia, nacionalidade ou idade.
§ 1º Trabalho de igual valor, para os fins deste Capítulo, será o que for feito com igual produtividade e com a mesma perfeição técnica, entre pessoas cuja diferença de tempo de serviço não for superior a 2 (dois) anos.	§ 1º Trabalho de igual valor, para os fins deste Capítulo, será o que for feito com igual produtividade e com a mesma perfeição técnica, entre pessoas cuja diferença de tempo de serviço para o mesmo empregador não seja superior a quatro anos e a diferença de tempo na função não seja superior a dois anos.
§ 2º Os dispositivos deste artigo não prevalecerão quando o empregador tiver pessoal organizado em quadro de carreira, hipótese em que as promoções deverão obedecer aos critérios de antiguidade e merecimento.	§ 2º Os dispositivos deste artigo não prevalecerão quando o empregador tiver pessoal organizado em quadro de carreira ou adotar, por meio de norma interna da empresa ou de negociação coletiva, plano de cargos e salários, dispensada qualquer forma de homologação ou registro em órgão público.
§ 3º — No caso do parágrafo anterior, as promoções deverão ser feitas alternadamente por merecimento e por antiguidade, dentro de cada categoria profissional.	§ 3º No caso do § 2º deste artigo, as promoções poderão ser feitas por merecimento e por antiguidade, ou por apenas um destes critérios, dentro de cada categoria profissional.
§ 4º (...)	§ 4º (...)
§ 5º Inexistente...	§ 5º A equiparação salarial só será possível entre empregados contemporâneos no cargo ou na função, ficando vedada a indicação de paradigmas remotos, ainda que o paradigma contemporâneo tenha obtido a vantagem em ação judicial própria.
§ 6º Inexistente...	§ 6º No caso de comprovada discriminação por motivo de sexo ou etnia, o juízo determinará, além do pagamento das diferenças salariais devidas, multa, em favor do empregado discriminado, no valor de 50% (cinquenta por cento) do limite máximo dos benefícios do Regime Geral de Previdência Social.

CLT de 1973	Lei n. 13.467/2017
Art. 468 (...)	Art. 468 (...)
Parágrafo Único. Não se considera alteração unilateral a determinação do empregador para que o respectivo empregado reverta ao cargo efetivo, anteriormente ocupado, deixando o exercício de função de confiança.	§ 1º Não se considera alteração unilateral a determinação do empregador para que o respectivo empregado reverta ao cargo efetivo, anteriormente ocupado, deixando o exercício de função de confiança.
§ 2º Inexistente...	§ 2º A alteração de que trata o § 1º deste artigo, com ou sem justo motivo, não assegura ao empregado o direito à manutenção do pagamento da gratificação correspondente, que não será incorporada, independentemente do tempo de exercício da respectiva função.
Art. 477. É assegurado a todo empregado, não existindo prazo estipulado para a terminação do respectivo contrato, e quando não haja ele dado motivo para cessação das relações de trabalho, o direto de haver do empregador uma indenização, paga na base da maior remuneração que tenha percebido na mesma empresa.	Art. 477. Na extinção do contrato de trabalho, o empregador deverá proceder à anotação na Carteira de Trabalho e Previdência Social, comunicar a dispensa aos órgãos competentes e realizar o pagamento das verbas rescisórias no prazo e na forma estabelecidos neste artigo.
§ 1º. O pedido de demissão ou recibo de quitação de rescisão, do contrato de trabalho, firmado por empregado com mais de 1 (um) ano de serviço, só será válido quando feito com a assistência do respectivo Sindicato ou perante a autoridade do Ministério do Trabalho e Previdência Social.	§ 1º Revogado...
§ 2º (...)	§ 2º (...)
§ 3º Quando não existir na localidade nenhum dos órgãos previstos neste artigo, a assistência será prestada pelo Represente do Ministério Público ou, onde houver, pelo Defensor Público e, na falta ou impedimento deste, pelo Juiz de Paz.	§ 3º Revogado...
§ 4º O pagamento a que fizer jus o empregado será efetuado no ato da homologação da rescisão do contrato de trabalho, em dinheiro ou em cheque visado, conforme acordem as partes, salvo se o empregado for analfabeto, quando o pagamento somente poderá ser feito em dinheiro.	§ 4º O pagamento a que fizer jus o empregado será efetuado:
I — Inexistente...	I — em dinheiro, depósito bancário ou cheque visado, conforme acordem as partes; ou
II — Inexistente...	II — em dinheiro ou depósito bancário quando o empregado for analfabeto.
§ 6º — O pagamento das parcelas constantes do instrumento de rescisão ou recibo de quitação deverá ser efetuado nos seguintes prazos:	§ 6º A entrega ao empregado de documentos que comprovem a comunicação da extinção contratual aos órgãos competentes bem como o pagamento dos valores constantes do instrumento de rescisão ou recibo de quitação deverão ser efetuados até dez dias contados a partir do término do contrato.
a) até o primeiro dia útil imediato ao término do contrato; ou	a) Revogada...

CLT de 1973	Lei n. 13.467/2017
b) até o décimo dia, contado da data da notificação da demissão, quando da ausência do aviso-prévio, indenização do mesmo ou dispensa de seu cumprimento.	b) Revogada...
§ 7º O ato da assistência na rescisão contratual (§§ 1º e 2º) será sem ônus para o trabalhador e empregador.	§ 7º Revogado...
§ 10. Inexistente...	§ 10. A anotação da extinção do contrato na Carteira de Trabalho e Previdência Social é documento hábil para requerer o benefício do seguro-desemprego e a movimentação da conta vinculada no Fundo de Garantia do Tempo de Serviço, nas hipóteses legais, desde que a comunicação prevista no *caput* deste artigo tenha sido realizada.
Art. 477-A. Inexistente...	Art. 477-A. As dispensas imotivadas individuais, plúrimas ou coletivas equiparam-se para todos os fins, não havendo necessidade de autorização prévia de entidade sindical ou de celebração de convenção coletiva ou acordo coletivo de trabalho para sua efetivação.
Art. 477-B. Inexistente...	Art. 477-B. Plano de Demissão Voluntária ou Incentivada, para dispensa individual, plúrima ou coletiva, previsto em convenção coletiva ou acordo coletivo de trabalho, enseja quitação plena e irrevogável dos direitos decorrentes da relação empregatícia, salvo disposição em contrário estipulada entre as partes.
Art. 482 (...)	Art. 482 (...)
m) Inexistente...	m) perda da habilitação ou dos requisitos estabelecidos em lei para o exercício da profissão, em decorrência de conduta dolosa do empregado.
Art. 484-A. Inexistente...	Art. 494-A. O contrato de trabalho poderá ser extinto por acordo entre empregado e empregador, caso em que serão devidas as seguintes verbas trabalhistas:
I — Inexistente...	I — por metade:
a) Inexistente...	a) o aviso-prévio, se indenizado; e
b) Inexistente...	b) a indenização sobre o saldo do Fundo de Garantia do Tempo de Serviço, prevista no § 1º do art. 18 da Lei n. 8.036, de 11 de maio de 1990.
II — Inexistente...	II — na integralidade, as demais verbas trabalhistas.
§ 1º Inexistente...	§ 1º A extinção do contrato prevista no *caput* deste artigo permite a movimentação da conta vinculada do trabalhador no Fundo de Garantia do Tempo de Serviço na forma do inciso I-A do art. 20 da Lei n. 8.036, de 11 de maio de 1990, limitada até 80% (oitenta por cento) do valor dos depósitos.

CLT de 1973	Lei n. 13.467/2017
§ 2º Inexistente...	§ 2º A extinção do contrato por acordo prevista no *caput* deste artigo não autoriza o ingresso no Programa de Seguro-Desemprego.
Art. 507-A. Inexistente...	Art. 507-A. Nos contratos individuais de trabalho cuja remuneração seja superior a duas vezes o limite máximo estabelecido para os benefícios do Regime Geral de Previdência Social, poderá ser pactuada cláusula compromissória de arbitragem, desde que por iniciativa do empregado ou mediante a sua concordância expressa, nos termos previstos na Lei n. 9.307, de 23 de setembro de 1996.
Art. 507-B. Inexistente...	Art. 507-B. É facultado a empregados e empregadores, na vigência ou não do contrato de emprego, firmar o termo de quitação anual de obrigações trabalhistas, perante o sindicato dos empregados da categoria.
Parágrafo Único. Inexistente	Parágrafo Único. O termo discriminará as obrigações de dar e fazer cumpridas mensalmente e dele constará a quitação anual dada pelo empregado, com eficácia liberatória das parcelas nele especificadas.
Art. 510-A. Inexistente...	Art. 510-A. Nas empresas com mais de duzentos empregados, é assegurada a eleição de uma comissão para representá-los, com a finalidade de promover-lhes o entendimento direto com os empregadores.
§ 1º Inexistente...	§ 1º A comissão será composta:
I — Inexistente...	I — nas empresas com mais de duzentos e até três mil empregados, por três membros;
II — Inexistente...	II — nas empresas com mais de três mil e até cinco mil empregados, por cinco membros;
III — Inexistente...	III — nas empresas com mais de cinco mil empregados, por sete membros.
§ 2º Inexistente...	§ 2º No caso de a empresa possuir empregados em vários Estados da Federação e no Distrito Federal, será assegurada a eleição de uma comissão de representantes dos empregados por Estado ou no Distrito Federal, na mesma forma estabelecida no § 1ºdeste artigo.
Art. 510-B. Inexistente...	Art. 510-B. A comissão de representantes dos empregados terá as seguintes atribuições:
I — Inexistente...	I — representar os empregados perante a administração da empresa;
II — Inexistente...	II — aprimorar o relacionamento entre a empresa e seus empregados com base nos princípios da boa-fé e do respeito mútuo;
III — Inexistente...	III — promover o diálogo e o entendimento no ambiente de trabalho com o fim de prevenir conflitos;

CLT de 1973	Lei n. 13.467/2017
IV — Inexistente...	IV — buscar soluções para os conflitos decorrentes da relação de trabalho, de forma rápida e eficaz, visando à efetiva aplicação das normas legais e contratuais;
V — Inexistente...	V — assegurar tratamento justo e imparcial aos empregados, impedindo qualquer forma de discriminação por motivo de sexo, idade, religião, opinião política ou atuação sindical;
VI — Inexistente...	VI — encaminhar reivindicações específicas dos empregados de seu âmbito de representação;
VII — Inexistente...	VII — acompanhar o cumprimento das leis trabalhistas, previdenciárias e das convenções coletivas e acordos coletivos de trabalho.
§ 1º Inexistente...	§ 1º As decisões da comissão de representantes dos empregados serão sempre colegiadas, observada a maioria simples.
§ 2º Inexistente...	§ 2º A comissão organizará sua atuação de forma independente.
Art. 510-C. Inexistente...	Art. 510-C. A eleição será convocada, com antecedência mínima de trinta dias, contados do término do mandato anterior, por meio de edital que deverá ser fixado na empresa, com ampla publicidade, para inscrição de candidatura.
§ 1º Inexistente...	§ 1º Será formada comissão eleitoral, integrada por cinco empregados, não candidatos, para a organização e o acompanhamento do processo eleitoral, vedada a interferência da empresa e do sindicato da categoria.
§ 2º Inexistente...	§ 2º Os empregados da empresa poderão candidatar-se, exceto aqueles com contrato de trabalho por prazo determinado, com contrato suspenso ou que estejam em período de aviso-prévio, ainda que indenizado.
§ 3º Inexistente...	§ 3º Serão eleitos membros da comissão de representantes dos empregados os candidatos mais votados, em votação secreta, vedado o voto por representação.
§ 4º Inexistente...	§ 4º A comissão tomará posse no primeiro dia útil seguinte à eleição ou ao término do mandato anterior.
§ 5º Inexistente...	§ 5º Se não houver candidatos suficientes, a comissão de representantes dos empregados poderá ser formada com número de membros inferior ao previsto no art. 510-A desta Consolidação.
§ 6º Inexistente...	§ 6º Se não houver registro de candidatura, será lavrada ata e convocada nova eleição no prazo de um ano.

CLT de 1973	Lei n. 13.467/2017
Art. 510-D. Inexistente...	Art. 510-D. O mandato dos membros da comissão de representantes dos empregados será de um ano.
§ 1º Inexistente...	§ 1º O membro que houver exercido a função de representante dos empregados na comissão não poderá ser candidato nos dois períodos subsequentes.
§ 2º Inexistente...	§ 2º O mandato de membro de comissão de representantes dos empregados não implica suspensão ou interrupção do contrato de trabalho, devendo o empregado permanecer no exercício de suas funções.
§ 3º Inexistente...	§ 3º Desde o registro da candidatura até um ano após o fim do mandato, o membro da comissão de representantes dos empregados não poderá sofrer despedida arbitrária, entendendo-se como tal a que não se fundar em motivo disciplinar, técnico, econômico ou financeiro.
§ 4º Inexistente...	§ 4º Os documentos referentes ao processo eleitoral devem ser emitidos em duas vias, as quais permanecerão sob a guarda dos empregados e da empresa pelo prazo de cinco anos, à disposição para consulta de qualquer trabalhador interessado, do Ministério Público do Trabalho e do Ministério do Trabalho
Art. 545. Os empregadores ficam obrigados a descontar na folha de pagamento dos seus empregados, desde que por eles devidamente autorizados, as contribuições devidas ao Sindicato, quando por este notificados, salvo quanto à contribuição sindical, cujo desconto independe dessas formalidades.	Art. 545. Os empregadores ficam obrigados a descontar da folha de pagamento dos seus empregados, desde que por eles devidamente autorizados, as contribuições devidas ao sindicato, quando por este notificado.
Art. 578. As contribuições devidas aos Sindicatos pelos que participem das categorias econômicas ou profissionais ou das profissões liberais representadas pelas referidas entidades serão, sob a denominação do "imposto sindical", pagas, recolhidas e aplicadas na forma estabelecida neste Capítulo.	Art. 578. As contribuições devidas aos sindicatos pelos participantes das categorias econômicas ou profissionais ou das profissões liberais representadas pelas referidas entidades serão, sob a denominação de contribuição sindical, pagas, recolhidas e aplicadas na forma estabelecida neste Capítulo, desde que prévia e expressamente autorizadas.
Art. 579. A contribuição sindical é devida por todos aqueles que participarem de uma determinada categoria econômica ou profissional, ou de uma profissão liberal, em favor do sindicato representativo da mesma categoria ou profissão ou, inexistindo este, na conformidade do disposto no art. 591.	Art. 579. O desconto da contribuição sindical está condicionado à autorização prévia e expressa dos que participarem de uma determinada categoria econômica ou profissional, ou de uma profissão liberal, em favor do sindicato representativo da mesma categoria ou profissão ou, inexistindo este, na conformidade do disposto no art. 591 desta Consolidação.
Art. 582. Os empregadores são obrigados a descontar, da folha de pagamento de seus empregados relativa ao mês de março de cada ano, a contribuição sindical por estes devida aos respectivos sindicatos.	Art. 582. Os empregadores são obrigados a descontar da folha de pagamento de seus empregados relativa ao mês de março de cada ano a contribuição sindical dos empregados que autorizaram prévia e expressamente o seu recolhimento aos respectivos sindicatos.

CLT de 1973	Lei n. 13.467/2017
Art. 583. O recolhimento da contribuição sindical referente aos empregados e trabalhadores avulsos será efetuado no mês de abril de cada ano, e o relativo aos agentes ou trabalhadores autônomos e profissionais liberais realizar-se-á no mês de fevereiro.	Art. 583. O recolhimento da contribuição sindical referente aos empregados e trabalhadores avulsos será efetuado no mês de abril de cada ano, e o relativo aos agentes ou trabalhadores autônomos e profissionais liberais realizar-se-á no mês de fevereiro, observada a exigência de autorização prévia e expressa prevista no art. 579 desta Consolidação.
Art. 587. O recolhimento da contribuição sindical dos empregadores efetuar-se-á no mês de janeiro de cada ano, ou, para os que venham a estabelecer-se após aquele mês, na ocasião em que requeiram às repartições o registro ou a licença para o exercício da respectiva atividade.	Art. 587. Os empregadores que optarem pelo recolhimento da contribuição sindical deverão fazê-lo no mês de janeiro de cada ano, ou, para os que venham a se estabelecer após o referido mês, na ocasião em que requererem às repartições o registro ou a licença para o exercício da respectiva atividade.
Art. 602. Os empregados que não estiverem trabalhando no mês destinado ao desconto do imposto sindical serão descontados no primeiro mês subsequente ao do reinício do trabalho.	Art. 602. Os empregados que não estiverem trabalhando no mês destinado ao desconto da contribuição sindical e que venham a autorizar prévia e expressamente o recolhimento serão descontados no primeiro mês subsequente ao do reinício do trabalho.
Art. 611-A. Inexistente...	Art. 611-A. A convenção coletiva e o acordo coletivo de trabalho têm prevalência sobre a lei quando, entre outros, dispuserem sobre:
I — Inexistente...	I — pacto quanto à jornada de trabalho, observados os limites constitucionais;
II — Inexistente...	II — banco de horas anual;
III — Inexistente...	III — intervalo intrajornada, respeitado o limite mínimo de trinta minutos para jornadas superiores a seis horas;
IV — Inexistente...	IV — adesão ao Programa Seguro-Emprego (PSE), de que trata a Lei n. 13.189, de 19 de novembro de 2015;
V — Inexistente...	V — plano de cargos, salários e funções compatíveis com a condição pessoal do empregado, bem como identificação dos cargos que se enquadram como funções de confiança;
VI — Inexistente...	VI — regulamento empresarial;
VII — Inexistente...	VII — representante dos trabalhadores no local de trabalho;
VIII — Inexistente...	VIII — teletrabalho, regime de sobreaviso, e trabalho intermitente;
IX — Inexistente...	IX — remuneração por produtividade, incluídas as gorjetas percebidas pelo empregado, e remuneração por desempenho individual;
X — Inexistente...	X — modalidade de registro de jornada de trabalho;
XI — Inexistente...	XI — troca do dia de feriado;
XII — Inexistente...	XII — enquadramento do grau de insalubridade;

CLT de 1973	Lei n. 13.467/2017
XIII — Inexistente...	XIII — prorrogação de jornada em ambientes insalubres, sem licença prévia das autoridades competentes do Ministério do Trabalho;
XIV — Inexistente...	XIV — prêmios de incentivo em bens ou serviços, eventualmente concedidos em programas de incentivo;
XV — Inexistente...	XV — participação nos lucros ou resultados da empresa.
§ 1º Inexistente...	§ 1º No exame da convenção coletiva ou do acordo coletivo de trabalho, a Justiça do Trabalho observará o disposto no § 3º do art. 8º desta Consolidação.
§ 2º Inexistente...	§ 2º A inexistência de expressa indicação de contrapartidas recíprocas em convenção coletiva ou acordo coletivo de trabalho não ensejará sua nulidade por não caracterizar um vício do negócio jurídico.
§ 3º Inexistente...	§ 3º Se for pactuada cláusula que reduza o salário ou a jornada, a convenção coletiva ou o acordo coletivo de trabalho deverão prever a proteção dos empregados contra dispensa imotivada durante o prazo de vigência do instrumento coletivo.
§ 4º Inexistente...	§ 4º Na hipótese de procedência de ação anulatória de cláusula de convenção coletiva ou de acordo coletivo de trabalho, quando houver a cláusula compensatória, esta deverá ser igualmente anulada, sem repetição do indébito.
§ 5º Inexistente...	§ 5º Os sindicatos subscritores de convenção coletiva ou de acordo coletivo de trabalho deverão participar, como litisconsortes necessários, em ação individual ou coletiva, que tenha como objeto a anulação de cláusulas desses instrumentos
Art. 611- B. Inexistente...	Art. 611-B. Constituem objeto ilícito de convenção coletiva ou de acordo coletivo de trabalho, exclusivamente, a supressão ou a redução dos seguintes direitos:
I — Inexistente...	I — normas de identificação profissional, inclusive as anotações na Carteira de Trabalho e Previdência Social;
II — Inexistente...	II — seguro-desemprego, em caso de desemprego involuntário;
III — Inexistente...	III — valor dos depósitos mensais e da indenização rescisória do Fundo de Garantia do Tempo de Serviço (FGTS);
IV — Inexistente...	IV — salário mínimo;
V — Inexistente...	V — valor nominal do décimo terceiro salário;
VI — Inexistente...	VI — remuneração do trabalho noturno superior à do diurno;
VII — Inexistente...	VII — proteção do salário na forma da lei, constituindo crime sua retenção dolosa;

CLT de 1973	Lei n. 13.467/2017
VIII — Inexistente...	VIII — salário-família;
IX — Inexistente...	IX — repouso semanal remunerado;
X — Inexistente...	X — remuneração do serviço extraordinário superior, no mínimo, em 50% (cinquenta por cento) à do normal;
XI — Inexistente...	XI — número de dias de férias devidas ao empregado;
XII — Inexistente...	XII — gozo de férias anuais remuneradas com, pelo menos, um terço a mais do que o salário normal;
XIII — Inexistente...	XIII — licença-maternidade com a duração mínima de cento e vinte dias;
XIV — Inexistente...	XIV — licença-paternidade nos termos fixados em lei;
XV — Inexistente...	XV — proteção do mercado de trabalho da mulher, mediante incentivos específicos, nos termos da lei;
XVI — Inexiste...	XVI — aviso-prévio proporcional ao tempo de serviço, sendo no mínimo de trinta dias, nos termos da lei;
XVII — Inexistente...	XVII — normas de saúde, higiene e segurança do trabalho previstas em lei ou em normas regulamentadoras do Ministério do Trabalho;
XVIII — Inexistente...	XVIII — adicional de remuneração para as atividades penosas, insalubres ou perigosas;
XIX — Inexistente...	XIX — aposentadoria;
XX — Inexistente...	XX — seguro contra acidentes de trabalho, a cargo do empregador;
XXI — Inexistente...	XXI — ação, quanto aos créditos resultantes das relações de trabalho, com prazo prescricional de cinco anos para os trabalhadores urbanos e rurais, até o limite de dois anos após a extinção do contrato de trabalho;
XXII — Inexistente...	XXII — proibição de qualquer discriminação no tocante a salário e critérios de admissão do trabalhador com deficiência;
XXIII — Inexistente...	XXIII — proibição de trabalho noturno, perigoso ou insalubre a menores de dezoito anos e de qualquer trabalho a menores de dezesseis anos, salvo na condição de aprendiz, a partir de quatorze anos;
XXIV — Inexistente...	XXIV — medidas de proteção legal de crianças e adolescentes;
XXV — Inexistente...	XXV — igualdade de direitos entre o trabalhador com vínculo empregatício permanente e o trabalhador avulso;

CLT de 1973	Lei n. 13.467/2017
XXVI — Inexistente...	XXVI — liberdade de associação profissional ou sindical do trabalhador, inclusive o direito de não sofrer, sem sua expressa e prévia anuência, qualquer cobrança ou desconto salarial estabelecidos em convenção coletiva ou acordo coletivo de trabalho;
XXVII — Inexistente...	XXVII — direito de greve, competindo aos trabalhadores decidir sobre a oportunidade de exercê-lo e sobre os interesses que devam por meio dele defender;
XXVIII — Inexistente...	XXVIII — definição legal sobre os serviços ou atividades essenciais e disposições legais sobre o atendimento das necessidades inadiáveis da comunidade em caso de greve;
XXIX — Inexistente...	XXIX — tributos e outros créditos de terceiros;
XXX — Inexistente...	XXX — as disposições previstas nos arts. 373-A, 390, 392, 392-A, 394, 394-A, 395, 396 e 400 desta Consolidação.
Parágrafo Único. Inexistente...	Parágrafo Único. Regras sobre duração do trabalho e intervalos não são consideradas como normas de saúde, higiene e segurança do trabalho para os fins do disposto neste artigo.
Art. 614 (...)	Art. 614 (...)
§ 3º Não será permitido estipular duração de Convenção ou Acordo superior a 2 (dois) anos.	§ 3º Não será permitido estipular duração de convenção coletiva ou acordo coletivo de trabalho superior a dois anos, sendo vedada a ultratividade.
Art. 620. As condições estabelecidas em Convenção quando mais favoráveis, prevalecerão sobre as estipuladas em Acordo.	Art. 620. As condições estabelecidas em acordo coletivo de trabalho sempre prevalecerão sobre as estipuladas em convenção coletiva de trabalho.
Art. 634 (...)	Art. 634 (...)
§ 1º (...)	§ 1º (...)
§ 2º Inexistente...	§ 2º Os valores das multas administrativas expressos em moeda corrente serão reajustados anualmente pela Taxa Referencial (TR), divulgada pelo Banco Central do Brasil, ou pelo índice que vier a substituí-lo.
Art. 652 — Compete às Juntas de Conciliação e Julgamento:	Art. 652. Compete às Varas do Trabalho:
f) Inexistente...	f) decidir quanto à homologação de acordo extrajudicial em matéria de competência da Justiça do Trabalho.
Art. 702....	Art. 702....
f) Inexistente...	f) estabelecer ou alterar súmulas e outros enunciados de jurisprudência uniforme, pelo voto de pelo menos dois terços de seus membros, caso a mesma matéria já tenha sido decidida de forma idêntica por unanimidade em, no mínimo, dois

CLT de 1973	Lei n. 13.467/2017
f) Inexistente... (cont.)	terços das turmas em pelo menos dez sessões diferentes em cada uma delas, podendo, ainda, por maioria de dois terços de seus membros, restringir os efeitos daquela declaração ou decidir que ela só tenha eficácia a partir de sua publicação no Diário Oficial;
§ 3º Inexistente...	§ 3º As sessões de julgamento sobre estabelecimento ou alteração de súmulas e outros enunciados de jurisprudência deverão ser públicas, divulgadas com, no mínimo, trinta dias de antecedência, e deverão possibilitar a sustentação oral pelo Procurador-Geral do Trabalho, pelo Conselho Federal da Ordem dos Advogados do Brasil, pelo Advogado-Geral da União e por confederações sindicais ou entidades de classe de âmbito nacional.
§ 4º Inexistente...	§ 4º O estabelecimento ou a alteração de súmulas e outros enunciados de jurisprudência pelos Tribunais Regionais do Trabalho deverão observar o disposto na alínea f do inciso I e no § 3º deste artigo, com rol equivalente de legitimados para sustentação oral, observada a abrangência de sua circunscrição judiciária.
Art. 755. A Procuradoria de Previdência Social compõe-se de um procurador geral e de procuradores.	Art. 775. Os prazos estabelecidos neste Título serão contados em dias úteis, com exclusão do dia do começo e inclusão do dia do vencimento.
§ 1º Inexistente...	§ 1º Os prazos podem ser prorrogados, pelo tempo estritamente necessário, nas seguintes hipóteses:
I — Inexistente...	I — quando o juízo entender necessário;
II — Inexistente...	II — em virtude de força maior, devidamente comprovada.
§ 2º Inexistente...	§ 2º Ao juízo incumbe dilatar os prazos processuais e alterar a ordem de produção dos meios de prova, adequando-os às necessidades do conflito de modo a conferir maior efetividade à tutela do direito.
Art. 789. Nos dissídios individuais e nos dissídios coletivos do trabalho, nas ações e procedimentos de competência da Justiça do Trabalho, bem como nas demandas propostas perante a Justiça Estadual, no exercício da jurisdição trabalhista, as custas relativas ao processo de conhecimento incidirão à base de 2% (dois por cento), observado o mínimo de R$ 10,64 (dez reais e sessenta e quatro centavos) e serão calculadas:	Art. 789. Nos dissídios individuais e nos dissídios coletivos do trabalho, nas ações e procedimentos de competência da Justiça do Trabalho, bem como nas demandas propostas perante a Justiça Estadual, no exercício da jurisdição trabalhista, as custas relativas ao processo de conhecimento incidirão à base de 2% (dois por cento), observado o mínimo de R$ 10,64 (dez reais e sessenta e quatro centavos) e o máximo de quatro vezes o limite máximo dos benefícios do Regime Geral de Previdência Social, e serão calculadas:

CLT de 1973	Lei n. 13.467/2017
Art. 790...	Art. 790...
§ 3º Inexistente...	§ 3º É facultado aos juízes, órgãos julgadores e presidentes dos tribunais do trabalho de qualquer instância conceder, a requerimento ou de ofício, o benefício da justiça gratuita, inclusive quanto a traslados e instrumentos, àqueles que perceberem salário igual ou inferior a 40% (quarenta por cento) do limite máximo dos benefícios do Regime Geral de Previdência Social.
§ 4º Inexistente...	§ 4º O benefício da justiça gratuita será concedido à parte que comprovar insuficiência de recursos para o pagamento das custas do processo.
Art. 790-B. A responsabilidade pelo pagamento dos honorários periciais é da parte sucumbente na pretensão objeto da perícia, salvo se beneficiária de justiça gratuita	Art. 790-B. A responsabilidade pelo pagamento dos honorários periciais é da parte sucumbente na pretensão objeto da perícia, ainda que beneficiária da justiça gratuita.
§ 1º Inexistente...	§ 1º Ao fixar o valor dos honorários periciais, o juízo deverá respeitar o limite máximo estabelecido pelo Conselho Superior da Justiça do Trabalho.
§ 2º Inexistente...	§ 2º O juízo poderá deferir parcelamento dos honorários periciais.
§ 3º Inexistente...	§ 3º O juízo não poderá exigir adiantamento de valores para realização de perícias.
§ 4º Inexistente...	§ 4º Somente no caso em que o beneficiário da justiça gratuita não tenha obtido em juízo créditos capazes de suportar a despesa referida no *caput*, ainda que em outro processo, a União responderá pelo encargo.
Art. 791-A. Inexistente...	Art. 791-A. Ao advogado, ainda que atue em causa própria, serão devidos honorários de sucumbência, fixados entre o mínimo de 5% (cinco por cento) e o máximo de 15% (quinze por cento) sobre o valor que resultar da liquidação da sentença, do proveito econômico obtido ou, não sendo possível mensurá-lo, sobre o valor atualizado da causa.
§ 1º Inexistente...	§ 1º Os honorários são devidos também nas ações contra a Fazenda Pública e nas ações em que a parte estiver assistida ou substituída pelo sindicato de sua categoria.
§ 2º Inexistente...	§ 2º Ao fixar os honorários, o juízo observará:
I — Inexistente...	I — o grau de zelo do profissional;
II — Inexistente...	II — o lugar de prestação do serviço;
III — Inexistente...	III — a natureza e a importância da causa;
IV — Inexistente...	IV — o trabalho realizado pelo advogado e o tempo exigido para o seu serviço.
§ 3º Inexistente...	§ 3º Na hipótese de procedência parcial, o juízo arbitrará honorários de sucumbência recíproca, vedada a compensação entre os honorários.

CLT de 1973	Lei n. 13.467/2017
§ 4º Inexistente...	§ 4º Vencido o beneficiário da justiça gratuita, desde que não tenha obtido em juízo, ainda que em outro processo, créditos capazes de suportar a despesa, as obrigações decorrentes de sua sucumbência ficarão sob condição suspensiva de exigibilidade e somente poderão ser executadas se, nos dois anos subsequentes ao trânsito em julgado da decisão que as certificou, o credor demonstrar que deixou de existir a situação de insuficiência de recursos que justificou a concessão de gratuidade, extinguindo-se, passado esse prazo, tais obrigações do beneficiário.
§ 5º Inexistente...	§ 5º São devidos honorários de sucumbência na reconvenção.
Art. 793-A. Inexistente...	Art. 793-A. Responde por perdas e danos aquele que litigar de má-fé como reclamante, reclamado ou interveniente.
Art. 793-B. Inexistente...	Art. 793-B. Considera-se litigante de má-fé aquele que:
I — Inexistente...	I — deduzir pretensão ou defesa contra texto expresso de lei ou fato incontroverso;
II — Inexistente...	II — alterar a verdade dos fatos;
III — Inexistente...	III — usar do processo para conseguir objetivo ilegal;
IV — Inexistente...	IV — opuser resistência injustificada ao andamento do processo;
V — Inexistente...	V — proceder de modo temerário em qualquer incidente ou ato do processo;
VI — Inexistente...	VI — provocar incidente manifestamente infundado;
VII — Inexistente...	VII — interpuser recurso com intuito manifestamente protelatório.
Art. 793-C. Inexistente...	Art. 793-C. De ofício ou a requerimento, o juízo condenará o litigante de má-fé a pagar multa, que deverá ser superior a 1% (um por cento) e inferior a 10% (dez por cento) do valor corrigido da causa, a indenizar a parte contrária pelos prejuízos que esta sofreu e a arcar com os honorários advocatícios e com todas as despesas que efetuou.
§ 1º Inexistente...	§ 1º Protocolada a petição, será suspenso o processo e não se realizará a audiência a que se refere o art. 843 desta Consolidação até que se decida a exceção.
§ 2º Inexistente...	§ 2º Os autos serão imediatamente conclusos ao juiz, que intimará o reclamante e, se existentes, os litisconsortes, para manifestação no prazo comum de cinco dias.
§ 3º Inexistente...	§ 3º Se entender necessária a produção de prova oral, o juízo designará audiência, garantindo o direito de o excipiente e de suas testemunhas serem ouvidos, por carta precatória, no juízo que este houver indicado como competente.

CLT de 1973	Lei n. 13.467/2017
§ 4º Inexistente...	§ 4º Decidida a exceção de incompetência territorial, o processo retomará seu curso, com a designação de audiência, a apresentação de defesa e a instrução processual perante o juízo competente.
Art. 818 — A prova das alegações incumbe à parte que as fizer.	Art. 818. O ônus da prova incumbe:
I — Inexistente...	I — ao reclamante, quanto ao fato constitutivo de seu direito;
II — Inexistente...	II — ao reclamado, quanto à existência de fato impeditivo, modificativo ou extintivo do direito do reclamante.
§ 1º Inexistente...	§ 1º Nos casos previstos em lei ou diante de peculiaridades da causa relacionadas à impossibilidade ou à excessiva dificuldade de cumprir o encargo nos termos deste artigo ou à maior facilidade de obtenção da prova do fato contrário, poderá o juízo atribuir o ônus da prova de modo diverso, desde que o faça por decisão fundamentada, caso em que deverá dar à parte a oportunidade de se desincumbir do ônus que lhe foi atribuído.
§ 2º Inexistente...	§ 2º A decisão referida no § 1º deste artigo deverá ser proferida antes da abertura da instrução e, a requerimento da parte, implicará o adiamento da audiência e possibilitará provar os fatos por qualquer meio em direito admitido.
§ 3º Inexistente...	§ 3º A decisão referida no § 1º deste artigo não pode gerar situação em que a desincumbência do encargo pela parte seja impossível ou excessivamente difícil.
Art. 840 (...)	Art. 840 (...)
§ 1º Sendo escrita, a reclamação deverá conter a designação do Presidente da Junta, ou do juiz de direito a quem for dirigida, a qualificação do reclamante e do reclamado, uma breve exposição dos fatos de que resulte o dissídio, o pedido, a data e a assinatura do reclamante ou de seu representante.	§ 1º Sendo escrita, a reclamação deverá conter a designação do juízo, a qualificação das partes, a breve exposição dos fatos de que resulte o dissídio, o pedido, que deverá ser certo, determinado e com indicação de seu valor, a data e a assinatura do reclamante ou de seu representante.
§ º — Se verbal, a reclamação será reduzida a termo, em 2 (duas) vias datadas e assinadas pelo escrivão ou secretário, observado, no que couber, o disposto no parágrafo anterior.	§ 2º Se verbal, a reclamação será reduzida a termo, em duas vias datadas e assinadas pelo escrivão ou secretário, observado, no que couber, o disposto no § 1º deste artigo.
§ 3º Inexistente...	§ 3º Os pedidos que não atendam ao disposto no § 1º deste artigo serão julgados extintos sem resolução do mérito.
Art. 841 (...)	Art. 841 (...)
§ 3º Inexistente...	O preposto a que se refere o § 1º deste artigo não precisa ser empregado da parte reclamada.

CLT de 1973	Lei n. 13.467/2017
Art. 844 (...)	Art. 844 (...)
§ 1º Inexistente....	§ 1º Ocorrendo motivo relevante, poderá o juiz suspender o julgamento, designando nova audiência.
§ 2º Inexistente...	§ 2º Na hipótese de ausência do reclamante, este será condenado ao pagamento das custas calculadas na forma do art. 789 desta Consolidação, ainda que beneficiário da justiça gratuita, salvo se comprovar, no prazo de quinze dias, que a ausência ocorreu por motivo legalmente justificável.
§ 3º Inexistente...	§ 3º O pagamento das custas a que se refere o § 2º é condição para a propositura de nova demanda.
§ 4º Inexistente...	§ 4º A revelia não produz o efeito mencionado no *caput* deste artigo se:
I — Inexistente...	I — havendo pluralidade de reclamados, algum deles contestar a ação;
II — Inexistente...	II — o litígio versar sobre direitos indisponíveis;
III — Inexistente...	III — a petição inicial não estiver acompanhada de instrumento que a lei considere indispensável à prova do ato;
IV — Inexistente...	IV — as alegações de fato formuladas pelo reclamante forem inverossímeis ou estiverem em contradição com prova constante dos autos.
§ 5º Inexistente....	§ 5º Ainda que ausente o reclamado, presente o advogado na audiência, serão aceitos a contestação e os documentos eventualmente apresentados.
Art. 487....	Art. 487...
Parágrafo Único. Inexistente...	Parágrafo Único. A parte poderá apresentar defesa escrita pelo sistema de processo judicial eletrônico até a audiência.
Art. 855-A. Inexistente...	Art. 855-A. Aplica-se ao processo do trabalho o incidente de desconsideração da personalidade jurídica previsto nos arts. 133 a 137 da Lei n. 13.105, de 16 de março de 2015 — Código de Processo Civil.
§ 1º Inexistente...	§ 1º Da decisão interlocutória que acolher ou rejeitar o incidente:
I — Inexistente...	I — na fase de cognição, não cabe recurso de imediato, na forma do § 1º do art. 893 desta Consolidação;
II — Inexistente...	II — na fase de execução, cabe agravo de petição, independentemente de garantia do juízo;
III — Inexistente...	III — cabe agravo interno se proferida pelo relator em incidente instaurado originariamente no tribunal.

CLT de 1973	Lei n. 13.467/2017
§ 2º Inexistente...	§ 2º A instauração do incidente suspenderá o processo, sem prejuízo de concessão da tutela de urgência de natureza cautelar de que trata o art. 301 da Lei n. 13.105, de 16 de março de 2015 (Código de Processo Civil).
Art. 855-B. Inexistente...	Art. 855-B. O processo de homologação de acordo extrajudicial terá início por petição conjunta, sendo obrigatória a representação das partes por advogado.
§ 1º Inexistente....	§ 1º As partes não poderão ser representadas por advogado comum.
§ 2º Inexistente...	§ 2º Faculta-se ao trabalhador ser assistido pelo advogado do sindicato de sua categoria.
Art. 855-C. Inexistente...	Art. 855-C. O disposto neste Capítulo não prejudica o prazo estabelecido no § 6º do art. 477 desta Consolidação e não afasta a aplicação da multa prevista no § 8º art. 477 desta Consolidação.
Art. 855-D. Inexistente...	Art. 855-D. No prazo de quinze dias a contar da distribuição da petição, o juiz analisará o acordo, designará audiência se entender necessário e proferirá sentença.
Art. 855-E. Inexistente...	Art. 855-E. A petição de homologação de acordo extrajudicial suspende o prazo prescricional da ação quanto aos direitos nela especificados.
Parágrafo Único. Inexistente...	Parágrafo único. O prazo prescricional voltará a fluir no dia útil seguinte ao do trânsito em julgado da decisão que negar a homologação do acordo.
Art. 855-B. Inexistente. ...	Art. 855-B. O processo de homologação de acordo extrajudicial terá início por petição conjunta, sendo obrigatória a representação das partes por advogado.
§ 1º Inexistente...	§ 1º As partes não poderão ser representadas por advogado comum.
§ 2º Inexistente...	§ 2º Faculta-se ao trabalhador ser assistido pelo advogado do sindicato de sua categoria.
Art. 855-C. Inexistente...	Art. 855-C. O disposto neste Capítulo não prejudica o prazo estabelecido no § 6º do art. 477 desta Consolidação e não afasta a aplicação da multa prevista no § 8º art. 477 desta Consolidação.
Art. 855-D. Inexistente...	Art. 855-D. No prazo de quinze dias a contar da distribuição da petição, o juiz analisará o acordo, designará audiência se entender necessário e proferirá sentença.
Art. 855-E. Inexistente...	Art. 855-E. A petição de homologação de acordo extrajudicial suspende o prazo prescricional da ação quanto aos direitos nela especificados.
Parágrafo Único. Inexistente...	Parágrafo Único. O prazo prescricional voltará a fluir no dia útil seguinte ao do trânsito em julgado da decisão que negar a homologação do acordo.

CLT de 1973	Lei n. 13.467/2017
Art. 876 (...)	Art. 876 (...)
Parágrafo Único. Serão executadas *ex-officio* as contribuições sociais devidas em decorrência de decisão proferida pelos Juízes e Tribunais do Trabalho, resultantes de condenação ou homologação de acordo, inclusive sobre os salários pagos durante o período contratual reconhecido.	Parágrafo Único. A Justiça do Trabalho executará, de ofício, as contribuições sociais previstas na alínea a do inciso I e no inciso II do *caput* do art. 195 da Constituição Federal, e seus acréscimos legais, relativas ao objeto da condenação constante das sentenças que proferir e dos acordos que homologar.
Art. 878. A execução poderá ser promovida por qualquer interessado, ou *ex-officio* pelo próprio Juiz ou Presidente ou Tribunal competente, nos termos do artigo anterior.	Art. 878. A execução será promovida pelas partes, permitida a execução de ofício pelo juiz ou pelo Presidente do Tribunal apenas nos casos em que as partes não estiverem representadas por advogado.
Parágrafo único — Quando se tratar de decisão dos Tribunais Regionais, a execução poderá ser promovida pela Procuradoria da Justiça do Trabalho.	Parágrafo único — Revogado...
Art. 879 (...)	Art. 879 (...)
§ 2º Elaborada a conta e tornada líquida, o Juiz poderá abrir às partes prazo sucessivo de 10 (dez) dias para impugnação fundamentada com a indicação dos itens e valores objeto da discordância, sob pena de preclusão.	§ 2º Elaborada a conta e tornada líquida, o juízo deverá abrir às partes prazo comum de oito dias para impugnação fundamentada com a indicação dos itens e valores objeto da discordância, sob pena de preclusão.
§ 7º Inexistente...	§ 7º A atualização dos créditos decorrentes de condenação judicial será feita pela Taxa Referencial (TR), divulgada pelo Banco Central do Brasil, conforme a Lei n. 8.177, de 1º de março de 1991.
Art. 882 — O executado que não pagar a importância reclamada poderá garantir a execução mediante depósito da mesma, atualizada e acrescida das despesas processuais, ou nomeando bens à penhora, observada a ordem preferencial estabelecida no art. 655 do Código Processual Civil.	Art. 882. O executado que não pagar a importância reclamada poderá garantir a execução mediante depósito da quantia correspondente, atualizada e acrescida das despesas processuais, apresentação de seguro-garantia judicial ou nomeação de bens à penhora, observada a ordem preferencial estabelecida no art. 835 da Lei n. 13.105, de 16 de março de 2015 — Código de Processo Civil.
Art. 883-A. Inexistente...	Art. 883-A. A decisão judicial transitada em julgado somente poderá ser levada a protesto, gerar inscrição do nome do executado em órgãos de proteção ao crédito ou no Banco Nacional de Devedores Trabalhistas (BNDT), nos termos da lei, depois de transcorrido o prazo de quarenta e cinco dias a contar da citação do executado, se não houver garantia do juízo.
Art. 884 (...)	Art. 884 (...)
§ 6º Inexistente...	§ 6º A exigência da garantia ou penhora não se aplica às entidades filantrópicas e/ou àqueles que compõem ou compuseram a diretoria dessas instituições.
Art. 896 (...)	Art. 896 (...)

CLT de 1973	Lei n. 13.467/2017
§ 1º-A (...)	§ 1º-A (...)
IV — Inexistente...	IV — transcrever na peça recursal, no caso de suscitar preliminar de nulidade de julgado por negativa de prestação jurisdicional, o trecho dos embargos declaratórios em que foi pedido o pronunciamento do tribunal sobre questão veiculada no recurso ordinário e o trecho da decisão regional que rejeitou os embargos quanto ao pedido, para cotejo e verificação, de plano, da ocorrência da omissão.
§ 3º Os Tribunais Regionais do Trabalho procederão, obrigatoriamente, à uniformização de sua jurisprudência e aplicarão, nas causas da competência da Justiça do Trabalho, no que couber, o incidente de uniformização de jurisprudência previsto nos termos do Capítulo I do Título IX do Livro I da Lei n. 5.869, de 11 de janeiro de 1973.	§ 3º Revogado...
§ 4º Ao constatar, de ofício ou mediante provocação de qualquer das partes ou do Ministério Público do Trabalho, a existência de decisões atuais e conflitantes no âmbito do mesmo Tribunal Regional do Trabalho sobre o tema objeto de recurso de revista, o Tribunal Superior do Trabalho determinará o retorno dos autos à Corte de origem, a fim de que proceda à uniformização da jurisprudência.	§ 4º Revogado...
§ 5º A providência a que se refere o § 4º deverá ser determinada pelo Presidente do Tribunal Regional do Trabalho, ao emitir juízo de admissibilidade sobre o recurso de revista, ou pelo Ministro Relator, mediante decisões irrecorríveis.	§ 5º Revogado....
§ 6º Após o julgamento do incidente a que se refere o § 3º, unicamente a súmula regional ou a tese jurídica prevalecente no Tribunal Regional do Trabalho e não conflitante com súmula ou orientação jurisprudencial do Tribunal Superior do Trabalho servirá como paradigma para viabilizar o conhecimento do recurso de revista, por divergência.	§ 6º Revogado....
§ 14 Inexistente...	§ 14. O relator do recurso de revista poderá denegar-lhe seguimento, em decisão monocrática, nas hipóteses de intempestividade, deserção, irregularidade de representação ou de ausência de qualquer outro pressuposto extrínseco ou intrínseco de admissibilidade.
Art. 896-A (...)	Art. 896-A. (...)
§ 1º Inexistente...	§ 1º São indicadores de transcendência, entre outros:
I — Inexistente...	I — econômica, o elevado valor da causa;
II — Inexistente...	II — política, o desrespeito da instância recorrida à jurisprudência sumulada do Tribunal Superior do Trabalho ou do Supremo Tribunal Federal;

CLT de 1973	Lei n. 13.467/2017
III — Inexistente...	III — social, a postulação, por reclamante-recorrente, de direito social constitucionalmente assegurado;
IV — Inexistente...	IV — jurídica, a existência de questão nova em torno da interpretação da legislação trabalhista.
§ 2º Inexistente...	§ 2º Poderá o relator, monocraticamente, denegar seguimento ao recurso de revista que não demonstrar transcendência, cabendo agravo desta decisão para o colegiado.
§ 3º Inexistente...	§ 3º Em relação ao recurso que o relator considerou não ter transcendência, o recorrente poderá realizar sustentação oral sobre a questão da transcendência, durante cinco minutos em sessão.
§ 4º Inexistente...	§ 4º Mantido o voto do relator quanto à não transcendência do recurso, será lavrado acórdão com fundamentação sucinta, que constituirá decisão irrecorrível no âmbito do tribunal.
§ 5º Inexistente...	§5º É irrecorrível a decisão monocrática do relator que, em agravo de instrumento em recurso de revista, considerar ausente a transcendência da matéria.
§ 6º Inexistente...	§ 6º O juízo de admissibilidade do recurso de revista exercido pela Presidência dos Tribunais Regionais do Trabalho limita-se à análise dos pressupostos intrínsecos e extrínsecos do apelo, não abrangendo o critério da transcendência das questões nele veiculadas.
Art. 899 (...)	Art. 899. (...)
§ 4º O depósito de que trata o § 1º far-se-á na conta vinculada do empregado a que se refere o art. 2º da Lei n. 5.107, de 13 de setembro de 1966, aplicando-se lhe os preceitos dessa Lei observado, quanto ao respectivo levantamento, o disposto no § 1º.	§ 4º O depósito recursal será feito em conta vinculada ao juízo e corrigido com os mesmos índices da poupança.
§ 5º Se o empregado ainda não tiver conta vinculada aberta em seu nome, nos termos do art. 2º da Lei n. 5.107, de 13 de setembro de 1966, a empresa procederá à respectiva abertura, para efeito do disposto no § 2º	§ 5º Revogado...
§ 9º Inexistente...	§ 9º O valor do depósito recursal será reduzido pela metade para entidades sem fins lucrativos, empregadores domésticos, microempreendedores individuais, microempresas e empresas de pequeno porte.
§ 10º Inexistente...	§ 10. São isentos do depósito recursal os beneficiários da justiça gratuita, as entidades filantrópicas e as empresas em recuperação judicial.
§ 11º Inexistente...	§ 11. O depósito recursal poderá ser substituído por fiança bancária ou seguro garantia judicial.